新潮新書

荒井利子
ARAI Toshiko

日本を愛した植民地

南洋パラオの真実

635

新潮社

日本を愛した植民地　南洋パラオの真実――目次

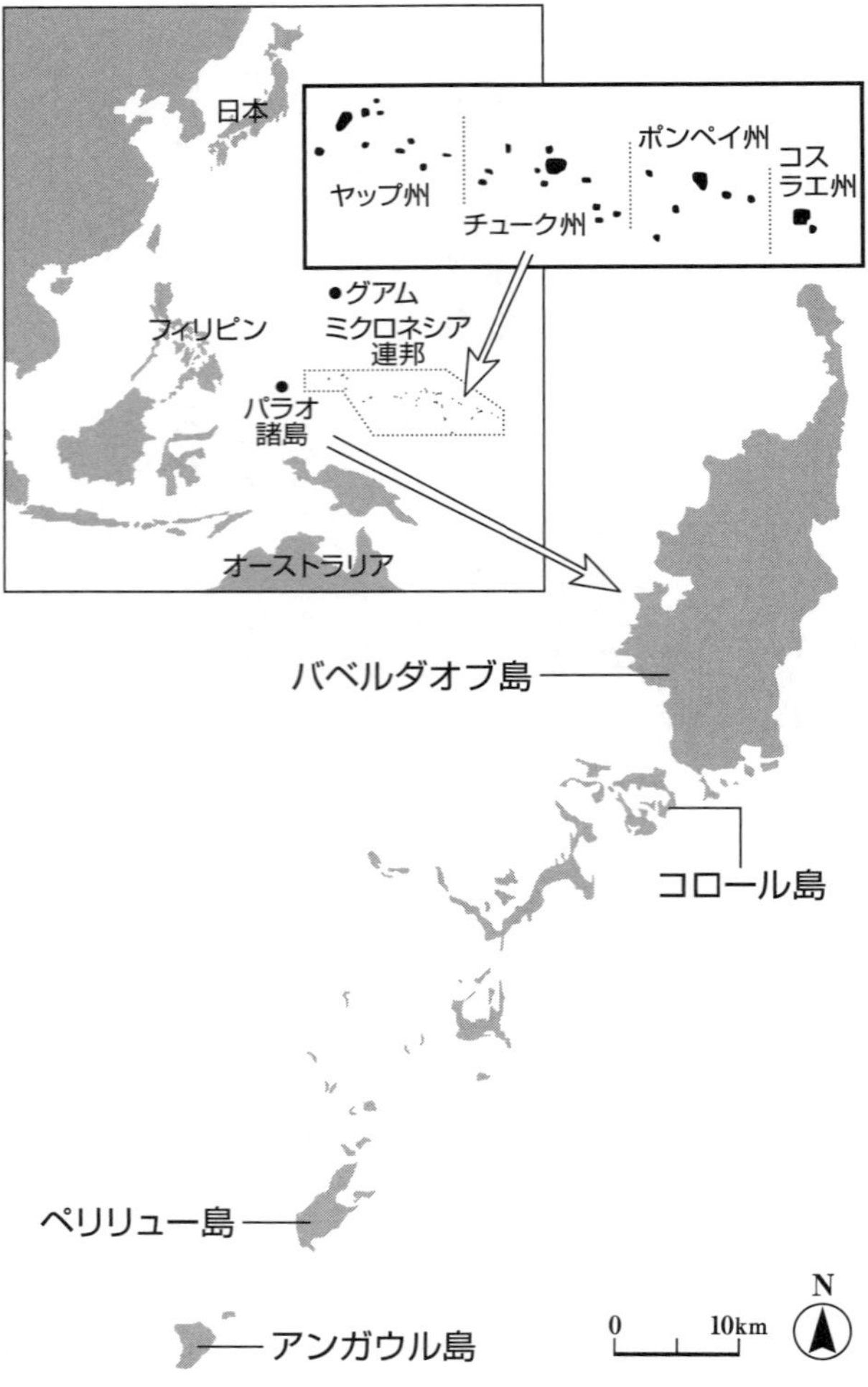
日本
ヤップ州
チューク州
ポンペイ州
コスラエ州
グアム
ミクロネシア連邦
フィリピン
パラオ諸島
オーストラリア
バベルダオブ島
コロール島
ペリリュー島
アンガウル島
0
10km
N

序章　忘れられた植民地を訪ねて

楽しい思い出の日本統治時代

ダイビングスポットとして若者に人気のあるパラオ諸島を含むミクロネシア周辺の島々は、かつて三十年間も日本の植民地だった。そのことを知る日本人は、いまどれだけいるだろうか（正式には「委任統治領」であるが、植民地と違う点は国際連盟の監視下に置かれ、いくつかの条件が付けられたことにある。本書では条件付きではあるが「植民地」と解釈して扱った）。

その頃、島の道路は舗装され、学校、映画館、ホテルなどの近代的なビルが建ち並び、多くの日本人が現地の人々と溶け合い仲良く暮らしていた。今でもカトウ、ナカムラといった日本名を持つ人は多い。何代か前に遡れば、父親が日本人だった人たちだ。

ミクロネシア周辺の島で日本人の生活が本格的に始まったのは、今から百年ほど前、第一次世界大戦がヨーロッパで勃発した大正三年（一九一四）である。そのことを私に教えてくれたのは、旅好きのアメリカ人の友人だった。

ある日、その友人が「ナンヨーってどういう意味だ」と聞いてきた。漢字がわからないと意味もわからない。友人は私に「この本面白いから読んでごらん」と一冊の本を渡した。「Nan'yō」と書かれた表紙には椰子の葉の絵が描かれていた。スタンフォード大学のマーク・ピティ教授の手による『Nan'yō: The Rise and Fall of the Japanese in Micronesia, 1885-1945』だった。「ナンヨー」って「南洋」のことだったのか……。

友人に「日本の植民地だった島だよ」と言われ、「えっ、日本の植民地だった？」と思わず聞き直すと、「そんなことも知らないのか」と驚かれてしまった。

恥ずかしながら、私にとっては初耳だった。授業で学んだ記憶はない。他の友人たちにも聞いてみたが、誰も知らなかった。本屋で日本史の教科書の立ち読みをしたが、どこにも載っていない。「私のラバさん、酋長の娘、色は黒いが、南洋じゃ美人」という歌を聴いた記憶はあるという程度の認識しか当時の私にはなかった。友人はこう言った。

「僕はダイビングで何度かパラオに行ったんだ。知り合いもいる。しかし、日本時代を経験したパラオ人たちは皆、口を揃えて言うんだ。日本時代は良かった、良かったってね。日本に支配され、差別され、悲惨な戦争も経験している。なのに、どうして日本人のことが好きなのか不思議でしょうがない」

たしかに同じように日本が支配していた韓国や中国から、戦後、日本はさんざん悪者扱いされている。それなのになぜパラオの人々は日本を憎んでいないのだろう。

好奇心を駆り立てられた私は、国会図書館へ行き、当時の資料を探してみた。

パラオに神棚、神社、鳥居、袴姿の神主

『南洋群島の研究』（矢内原忠雄　一九三五年）や『南洋群島教育史』（南洋群島教育会編　一九三八年）など、多くの資料に日本の植民地だった時代の写真が載っていた。そこに写っていたのが、冒頭で紹介した近代的な街並みである。道路はアスファルトで舗装され、近代的なビルが建ち並んでいた。そこを歩くパラオ人らしき顔をした女性が足首までの長いドレスを着たり、日本の着物を着てパラソルをさしている。

別の写真では、これがパラオだろうかと驚くほどの立派な建物の前に、ロールスロイスらしき車が数台と飛行機のパイロットを思わせる白いスーツを着た紳士が大勢立っている。

ランドセルを背負ったおかっぱ頭の女の子や、半ズボン姿の男の子たちが、皆揃って神棚（奉安殿）に向かってお辞儀をしている写真や、神社の大きな鳥居の前で立派な袴《はかま》姿の神主さんがお祓いをしている写真もあった。まるで日本を思わせるような環境の中で、多くの日本人が現地の人々と仲良く暮らしている様子が伝わってきた。

その写真を見るまで、ミクロネシアといえば、パラオは海がきれいなダイビングの名所で、ヤップには大きなドーナッツ形をした石貨がある、というくらいしか知らなかった。市販のミクロネシア旅行のガイドブックを見ると、どれもきれいな青い海と熱帯魚の写真ばかり。鳥居やコンクリートの建物の写真はガイドブックには載っていない。今はどうなっているのか、自分の目で確かめたくなった。

幸い、そのアメリカ人の友人が、パラオで小学校時代を過した青年を紹介してくれた。その青年から、日本統治時代を経験した老人たち二人の名前と電話番号を教えてもらうことができた。しかし、当時を知っているミクロネシアの人々の多くはすでに他界。今も存命の人は高齢で、年々数が減っていることを知った。

紹介された老人たちはもうじき八十代。早く行かなくては生き証人がいなくなる。私自身は日本統治時代のことは知ったばかりで、充分な知識もない。彼らに会ってどんな

ロールスロイスも走る近代的な街並み（『Nan'yō』より）

奉安殿に頭を下げる現地の子どもたち（『Nan'yō』より）

コロール市街の様子（『南洋群島写真帖　昔の micronesia』〈グアム新報社東京支局〉より）

パラオ南洋神社建立の式典（『Nan'yō』より）

話を聞いたらいいのか、何の準備もしていない。それでも、もう時間がない。とにかく行ってみることにしたのは、平成十二年(二〇〇〇)十二月のことである。

立派なコンクリートの建物はない

パラオへは、グアム経由の飛行機に乗った。日本からグアムまでは三時間半、グアムからパラオまで約二時間。片道およそ五時間半の旅だ。

昼間の明るい時間の飛行となった。運良く空は快晴。飛行機から眺める太平洋は、言葉では表現するのが難しいほど美しい。青い海、珊瑚礁、点在する緑の島々が眼下に広がり、それが太陽に照らされ、キラキラと輝いている。その大小無数の島々で、どんな人々がどんな生活をしているのだろう。想像しながら眺めていた。

パラオに着くと、空港からタクシーで友人に紹介してもらったアパートの住所まで連れて行ってもらった。しかし、タクシーの窓から眺めるパラオの町は、古い写真で見た風景とは、様子が違う。道は、舗装されていない泥道だ。写真で見たような立派なコンクリートの建物もない。写真とは大違いだ。どういうことなのだろう。

日本統治時代の建物は、日本人が壊した

到着してすぐに、青年から紹介してもらった、当時の首都コロールに住むテルヨさん（当時七十八歳）に電話をした。すると、私のことをすでに聞いていたらしく、電話の向こうから弾んだ日本語が聞こえて来た。

「としこさんね。としこさんでしょ。私、テルヨです。テ、ル、ヨ」

私が自己紹介したところで突然バンバンバンとものすごい音が鳴り響いたので、一旦電話を切ることにした。窓を開けて外を見ると、スコールだ。バンバンという音は、力強く降る雨がトタン屋根を叩く音だったのだ。三十分もすると、雨が止んだので、電話をかけ直し、近くのレストランで会うことになった。

レストランの前で待っていると、トラックが止まり、大きな花柄の派手なワンピースを着た女性が二人出て来た。一人が私を見て会釈をしたので、すぐにテルヨさんだとわかった。挨拶をすると、「息子に送ってもらった」と言う。

連れの女性はカズエさん。三歳年下の友達だという。二人とも日本名だが、肌は浅黒く、愛嬌のあるくるりとした目をしている。どう見てもパラオ人だ。

店に入ると、お互い自己紹介をした。二人とも流暢な日本語だ。私は早速、なぜ日本統治時代の写真と今とがこんなに違うのかを聞いてみた。

カズエさんが待ってましたとばかりに話し始めた。

「建物も道路も、みんな日本人が壊したのよ。ひどいことしたのよ。戦争に負けたもんだからみんな壊したのよ。みんな日本の兵隊よ。

だから、後でみんなで『もったいないねー』って。本当にもったいないことしたのよ。あの時は、井上という人がバベルダオブの村の奥の方にいて、ああしろ、こうしろって命令を下していたのよ。

ここコロールでは、爆弾が落ちたところは壊れたけど、落とさなかったところは無事だったのよ。それを日本の兵隊が壊したのよ。ひどかったよ。私本当に恨んだもの。本当にもったいなかったのよ。その向かいにある建物あるでしょ。パラオの議員たちの政庁ですよ。あんなものだけ残したのよ」

後でわかったことだが、日本統治時代の建物を壊すように命令したのはアメリカだった。その作業を日本の捕虜たちにやらせたに違いない。

テルヨさんが、話に加わってきた。

「ペリリューでも、日本兵とアメリカ兵が戦って、爆弾もたくさん落ちたから、木がみんな倒されて、グラウンドみたいに何にもなくなってしまいました」

ペリリュー島は、パラオのコロール島から南方の離れた所に位置する小島で、テルヨさんはそこの出身だという。

この小島は、太平洋戦争でアメリカ軍の海兵隊が上陸し、日本軍と死闘を展開したことでも知られている。戦争が終わり、疎開先から島に戻って来た島民たちは驚いた。自分たちが暮らしていた家々はもちろん、木が一本もなくなってしまい、真っ平らになっていたからだ。テルヨさんによると、「隣の島のアンガウルまで見渡せた」という。

日本人でごった返していたパラオの町

「戦前はね、コロールは雨が降っても傘はいらないのよ。家の軒下をずーっと歩いて、雨に濡れずに行けるのよ。トタン屋根は少し外側に出てるでしょ。だから家と家の間に屋根が出来るのよ。人が一人歩いて行けるような小さな道になるの。向こうの池からここまで軒下をずっと歩いて来るのよ。雨に濡れずにね。家がいっぱい建っていたからね。日本人は二万〜二万五千いたのよ。コロールだけで。パラオの人よりももっといたのよ。いろいろな商売がありました。日本人の小学校もありました。そこの大きな広場ね。あそこが小学校だったのよ。

パラオの子どもは公学校という学校へ行ったのよ。一年から三年で卒業して、成績によって四年五年と二年間は補習科といって、生徒によって上がる人もあれば、上がらない人もいました」（カズエさん）

首都であるコロール市には、日本政府の出先機関である南洋庁が置かれていた。そのため日本の役人はもちろん、貿易商や商店を営む多くの日本人でごった返していたらしい。カズエさんが話を続ける。

「日本時代は楽しい時代だったのよ。私は本当に感謝してますよ。私が生まれたのは日本時代の真っ盛りでしたからねえ。昔は楽な生活だったのよ。食べ物にも困らないしね。日本の時代は本当にいい時代だったのよ。

ドイツの占領時代に来たドイツ人はたった一人ね。軍人だと思うわ。私たちを見張りに来てたのよ。日本になったらみんなここに生活に来たでしょ。それで日本時代が本当にすばらしい時代になったの。それがドイツと日本の違いなのよ。

日本人は、三十何年もここにいたから。パラオの人と仲良くしていたのよ。パラオの人もみんな働いていたのよ。コプラやバナナやパパイヤなどの果物を売って現金に換えたの」

コプラとは椰子の実の白い部分（胚乳）を乾燥させたもので、絞ると椰子油となる。その椰子油はマーガリン、石鹼、ろうそくなどの原料となる。そのため昔は商品価値の高い物とされていた。今度はテルヨさんが話し始めた。

「日本の人のお店もあったのよ。今井さんという日本人が貿易やってた。南洋貿易という会社があったのよ。そこの波止場には二つの船があってね、タチバナとカモメって言うの。タチバナは西のペリリューに行く船ね。カモメはバベルダオブと西、東に行く船。月曜日は東、あくる日帰って来て、火曜日に西へ行って、金曜日はまた西、アンガウルまで行ったのよ。遠いでしょ」

今でも日本語を流暢に話す年寄りたち

ここで電話が鳴り、テルヨさんが呼び出され、話をしたあとで戻ってきた。

「弟がね、私たち三人ここにいることを知って、何でも好きな物食べなさいって」

メニューを見ながら、勧められるままに、私は二人と同じものを注文した。大きなお皿に肉とバナナを焼いたもの、それに白いご飯がのっていた。レストランの奥の方からは、日本語が聞こえてくる。テレビの音のようだ。カズエさんが続ける。

「ここパラオは、戦前からずーっとＮＨＫですよ。もう六十年、日本語がわかる人はみんな見てますよ。相撲大好き！　ドラマもあるし、時代劇もあるのよ。現代のドラマも見てるよ。いつでも見れるのよ。二十四時間ですよ。パラオは日本と時間が一緒でしょ。だから何もかもテレビに出るのよ。子どもはね、みんなアメリカのばかり見てるでしょ。五年前かしら、私、東京へ行ったのよ。東京の知り合いのところにいたの」

「私も行ったこと、ありますよ」とテルヨさんが話を引き取った。

「それが私の夢だったのよ。銀座通りに行ってみたかったのよ。銀座の並木道に、生きているうちに一度行ってみたかったのよ。戦前はギンザー、ギンザーってすごかったのよ。五月に行ったから良かったー。三重県にも行ったのよー」

日本統治時代は六十年も前に終わった。日本語を忘れずに流暢に話すのは、ＮＨＫの衛星放送のおかげなのかもしれない。

カズエ、テルヨという名前は、本名ではない。公学校へ上がった時、日本人の担任の先生がつけてくれたという。その頃は日本の名前をつけることが流行っていて、子どもに日本の名前をつける親も多かった。パラオの名前の子どもには、担任の先生が日本名をつけてくれた。今でも同級生の間ではその日本名で呼び合っているのだという。

世界でも珍しい、統治者が愛された植民地

当時の日本は、台湾、朝鮮半島、樺太を支配下に置いていた。しかし、程度の差こそあれ、どの地域でも日本人に対する抵抗、反発があった。日本に限らない。アメリカでも、ネイティブ・アメリカンが強い抵抗をしたのは有名な話だ。フランスの植民地であったアルジェリアや、ドイツの植民地のあったアフリカでも、現地住民に鞭を使って強制労働させたことが大きな反乱へと発展させ、軍隊を動員して鎮圧した歴史がある。

しかし、ミクロネシアでは、抵抗どころか現地住民たちは日本人と仲良く暮らしていた。そして戦後も日本人の友達や、先生たちとの交流が続き、お互い訪問しあったりしている。日本統治時代を経験したほとんどのミクロネシア人は、戦後何度も日本に遊びに行っているし、六十年たっても同窓会が行われ、昔話に花を咲かせている。これは世界的に見ても非常に珍しい事例だろう。

日本が高い文化と教育と経済的繁栄を植民地にもたらしたからだろうか。それとも、

現地住民たちの性格によるものなのだろうか。単に怖くて反抗できなかったのかもしれない。いろいろな見方があるだろう。

なぜミクロネシアだけが、こんなにうまくいったのか。なぜ彼らは今でも日本を愛してくれているのか。

それを知るために、私は南洋にいるかつての「日本人」たちの話を聞くことにした。休みを利用して、ビザの期限である三十日間の滞在で三回、足かけ三年の訪問となった。パラオだけでなく、他の島にも行ってみたくなり、ポンペイ島、ヤップ島、チューク諸島にも足を運んだ。

パラオでは、テルヨさんとカズエさんに会ったのを皮切りに、その後、人から人へと紹介してもらい、最終的に三十人ほどの人たちから話を聞くことが出来た。現地の子どもたちが通った公学校在学中に戦争が始まり、日本語を充分に覚えられなかった人とは英語で話した。だが、ほとんどの人は日本語をまだ忘れずにいた。本書では読みやすさを考慮して、コメント部分をある程度整理し、言葉を補っているが、ほとんどの人は実に上手な日本語で話をしてくれた。

話をしている時の表情をお伝え出来ないのが残念だ。みんなに共通して言えることは、日本統治時代のことを話すのが本当に嬉しいようで、目をきらきらさせていたことだった。

（証言をしてくださったパラオの人々については、生年や経歴を簡単に巻末にまとめておいた。尚、この調査にあたり、日本統治時代についての不満や日本人に対する悪口など、ネガティブな事も正直に話してもらう必要上、インタビュー開始前に名前は公表しない事を約束した。そのため、他のノンフィクションにも登場している倉田さん以外の証言者は仮名を使用している。インタビュー内容は本人の承諾を得た上でテープに録音した。

また、本文中の地名は原則として現在の呼称を使用した。

引用文の中に旧字が使われている場合は新字に置き換えた。

参考文献に関しては本文中の特に参考にした箇所に（　）で表示することとした）

第一章　武士たちは南洋を目指した

ミクロネシアはどこにあるか

日本の南端の沖縄や小笠原の南方、フィリピンの東側一帯に広がる南太平洋はポリネシア、メラネシア、ミクロネシアの三つに大きく分けられている。ハワイ、ニュージーランド、サモアなどを含む一帯がポリネシア。ニューギニア、フィジー、ニューカレドニアを含む一帯がメラネシア。

そして日付変更線の西、赤道以北に広がる一帯をミクロネシアと呼んでいる。ミクロネシアとはギリシャ語で「小さな島々」という意味だ。ミクロネシアを大きく三つに分けるとマリアナ諸島（サイパン島、テニアン島、ロタ島と南端のグアム島）、マーシャル諸島（マジュロ環礁、ビキニ環礁など小さな島々）とカロリン諸島（ミクロネシア連邦、パラオ諸島）となる。この「ミクロネシア」が戦前は「南洋群島」と呼ばれ、日本が統治していた地域である。ただし、グアム島だけが当時はアメリカ領であった。

第二次大戦終戦後、パラオとマーシャル諸島は独立し、北マリアナ諸島はアメリカの領土となった。そして残りのヤップ島、チューク諸島（旧トラック諸島）、ポンペイ島（旧ポナペ島）とコスラエ島がミクロネシア連邦として独立することになった。つまり、ミクロネシア連邦とはミクロネシア全体を指すのではなく、カロリン諸島にある主に四つの島々のことである。それぞれが州（ヤップ州、チューク州、ポンペイ州、コスラエ州）となった。

パラオ諸島は、フィリピンの東にあり三百以上の小島から成る。人口は約二万人。アメリカへの移住者が増加傾向にある。面積は日本の屋久島とほぼ同じ。主な島にバベルダオブ島、コロール島、アンガウル島、ペリリュー島がある。

コロール島のコロール市は、一番大きな都市で、二〇〇六年まで首都が置かれていた。日本統治時代には、南洋庁が置かれ、多くの日本移民が暮らしていた。現在の首都はバベルダオブ島のマルキョク。

住民はカナカ族と呼ばれるミクロネシアの原住民が約八割。あとは、出稼ぎで来たフィリピン人が残りの約二割を占める。多くの家庭でフィリピン人女性は家政婦として雇われ、働きに出ている主婦の代わりに、家事、子育て、介護をこなしている。

難破船の漂着から始まった外国との接触

日本統治の時代が始まる前のミクロネシアは、どんな様子だったのか。

読者の中に、『冒険ダン吉』という漫画を知っている人がいることだろう。年配の方なら、読んだ記憶があるはずだ。ダン吉に仕える島の先住民たちは腰みのだけを身につけた、ほとんど裸の姿で生活している。文明国の日本から来たダン吉は、当初こそ彼らの抵抗にあうものの優れた知恵を武器に、彼らの王様となる。作中で明確な地名は描かれていないものの、おそらく当時のミクロネシアをモデルにしていたと思われる。

ミクロネシアにはもともと文字の文化がなかった。そのため、十六世紀になってスペイン船が立ち寄るようになる以前のことは、よくわかっていないらしい。外国の船、とくにスペイン船がミクロネシア海域を行き来するようになると、船が難破して漂着したり、捕鯨船や貿易船が寄航したり、外国との接触が比較的盛んに行われるようになった。

思いがけず座礁したスペイン船が島へ立ち寄ったりすると、島じゅうが大騒ぎになった。外国人たちは、体が大きく、肌の色が白くて、自分たちとはまったく異なる。恐れおののき、彼らを殺そうと戦いの準備を始めたなら、話はわかる。だが、それとは反対だった。おもてなしの準備を始めたのだ。なぜ歓迎する必要があったのか。

小さい島であれば、それだけ人口も少ない。結婚相手を探すのも大変だ。島中が親戚同士のようなものだが、近親婚も避けなくてはならない。そこで酋長がじきじきに船員たちを招待し、踊りと歌で歓迎し、ごちそうでおもてなしをする。そして、夜になると若い女性をあてがい、血が濃くなるのを防いできたのだ。

その影響は今も見られる。たとえばパラオ諸島の南方に位置するソンソロル島は、小さな島であるうえに、珊瑚礁で囲まれ、船が難破しやすい海域にある。そのため、外国船が頻繁に立ち寄った。そのせいか、住民は、顔かたちも服装も肌の色も、見ればすぐにソンソロル出身とわかるほど独特の容姿だという。

マーシャル諸島も、昔からアメリカの捕鯨船の休憩地点として利用されていた。そのため、文化的にも西洋化が進んでいた。アメリカ人が頻繁に立ち寄っていたせいで混血が進み、今でもびっくりするような美人を見かける。

このように、ミクロネシアの人々は昔から外国人との接触に慣れてもいたし、歓迎する気持ちも持っていた。外国人への好意的な気質は今でも受け継がれているように思う。

疫病が蔓延し、人口が激減

十六世紀半ば、スペイン人が住み始めるようになると、歓迎できないものが持ち込まれた。天然痘などのさまざまな疫病だ。

まったく抵抗力を持たないミクロネシアの人々に広がるのは早かった。治療方法もわからず、不衛生な生活習慣もそれに拍車をかけた。島の一人が感染すれば家族全員に、そして村全体にと瞬く間に蔓延した。村にはそれぞれ祈禱師がいて、初めのうちは祈禱師に頼んで木の根っこから作った汁などを飲んでいた。

だが、病人と接する機会の多い祈禱師が真っ先に病に臥し、命を落とすと、何も打つ手がなく、ただ病人を見守るしかなかった。その結果、半世紀ほどの間にミクロネシアの人口は激減してしまった。

疫病が少しずつ治まり、激減してしまった人口がある程度元の状態に戻るまでには二、三世紀もかかったという。ミクロネシアの島々が捕鯨船や交易船による外国との本格的な交流が始まったのは、その後の十八世紀に入ってからのことだ。

部族間で絶えなかった殺し合い

この頃、島の内部では部族間の争いが絶えなかったようだ。

海には豊富な資源があり、魚が必要な時はいつでも簡単に手に入る。陸には椰子の実も果物も余るほどある。だから、働かなくても食べる物には困らなかった。その上、スコールや台風の被害に遭うことはあっても、住居にも着る物にも困らない。物質的に満たされていれば平和が保たれそうに思えるのだが、実際にはそうではなかった。

食べるために働く必要がない分、エネルギーが別の方向に費やされたのだ。いかに戦いに勝って権力を維持するか、あるいは敵の部族を倒して権力を奪い返すかといったことだけが日常の関心事となったようだ。土地が狭く、島によっては人口密度も高い。そうなれば、権力争いも深刻だ。

武器といえば、せいぜい槍、石といった原始的なものしかなかった時代だ。酋長の首を切り取って、戦利品として自分たちの酋長に献上する習慣はあったようだが、戦った者たちは怪我をする程度。命まで落とすことは少なかった。

ところが、外国から鉄砲が伝来してから事態は深刻になる。ポンペイ島のように闘争心の強い人々の部族間での闘争に、鉄砲が使われるようになると、瞬く間に多くの死者を出した。スペインから来た宣教師が止めに入ったおかげで、危ういところで島民全滅の危機を逃れた島もある。

日本では「トラック諸島」という名称で知られている島は、現在は「チューク州」と呼ばれている。このあたりは人口密度が高く、長年にわたって部族間の権力闘争が続いた。今でも荒々しい性格の人が多く、近隣の島の人々からは恐れられている。

コスラエ島のように比較的穏やかな人々の住む島もあるが、ミクロネシア人は歴史的に闘争を繰り返してきたせいか、概してプライドが高く、強い闘争心も持ち合わせているようだ。気性の荒さを示すエピソードが伝えられている。

本格的な交易が始まる以前は、主にスペイン人がキリスト教の教えを広げるのが目的で島を訪れるようになった。ある時、スペインのカソリック教会からパラオ諸島の小島へ送られた二人の宣教師がいた。腰を落ち着けて布教活動をすることにしたのだが、その後、二人の姿は忽然と消えてしまう。殺されてしまったのだ。おそれをなしたスペインは、しばらく布教活動を止めていた。

二十年ほどして、今度はヤップの離島へ二人のスペイン人宣教師が護衛の兵士たちを連れて送られた。数ヶ月後、二人のうち一人がグアムに用事があってしばらく留守にした。用事を済ませて島に戻ってみると、残っていた一人も、彼を護衛していた兵士たちも、見当たらなかった。またしても殺されてしまったのだ。落胆したスペインのカソリック教会は、再びミクロネシアへの布教活動を中止したという。

スペインによるキリスト教布教

それでもしばらくすると、三人兄弟の宣教師がヤップ島に送り込まれた。スペイン政府の資金で教会を建て、できる限り村の家々をまわり、おしゃべりをし、衣服、おもちゃの笛や鏡などをプレゼントした。子どもたちはおもちゃの笛に喜んだが、シャツをプレゼントされた女性たちは困ったそうだ。気候的には服など無用で、裸でいるのが一番。服を着るように言われても、なぜなのか理解できない。

神父にしてみれば、上半身が裸の女性たちには我慢出来ず、なんとかして服を着させようと、シャツを配ったのだ。女性たちはあまりしつこく言われるので、着てみたものの、暑いし、子どもに乳を飲ませるたびにいちいちシャツをめくらなくてはならず、面倒だった。そこで、とうとう丸い穴を二つ開けて着るようになった。それで神父たちは無理やり着せるのをあきらめた。外国人には好意的でも、布教活動には困難が絶えなかったようだ。

私は女性がシャツを着たがらない話を聞いた時、恥ずかしくないのだろうかと疑問に思った。後から聞いた話によると、彼らは女性の胸を母乳の製造器くらいにしか思ってないらしい。胸に代わって性的なシンボルが他にあるというのだ。それは腿である。特に太腿の後ろ側だ。そこは恥ずかしくて人には絶対見せられないし、ジーンズもはけない。形がわかっても恥ずかしい。だから、長いスカートをはき、その中には膝までの長いズロースをはいているという。たしかに今でもパラオの街中は、若者は別としても、ほとんどの人が長いスカートをはいている。

さて、話を布教活動に戻そう。その後、現地の子どもたちとの関係が良くなると、スペイン政府の資金で、簡素な学校を建て、スペイン語、宗教理論、地理、算数などを教えた。授業の終わりには、いつもバイオリンかアコーデオンの伴奏で賛美歌を歌った。

こうしてキリスト教は少しずつミクロネシアの人々に溶け込んでいった（参考：Hezel, Francis『Strangers in Their Own Land』）。

「南に行けば何かある」と考えた武士たち

スペインがミクロネシアで布教活動を進めていた頃、日本は明治維新で大きく変わろうとしていた。鎖国から方針転換をして開国した後は、千島列島、樺太（サハリン）、琉球（沖縄県）、小笠原など日本の国土周辺の土地に興味を持ち始めていた。

日本で最初の集団移民として百五十三名がハワイに向かったのは明治元年（一八六八）。政府が樺太開拓のために開拓使を置いたのが明治三年（一八七〇）。小笠原諸島が正式に日本になったのが明治九年（一八七六）。沖縄が廃藩置県で正式に日本になったのが明治十二年（一八七九）。

海の向こうには、何かいいことがありそうだ。そんなムードが広がっており、政府だけでなく、国民も海外に夢や憧れを持つ者が多くなった。国内ではどこの農家も不作が続き、景気も悪く、経済的に非常に困難な時代だった。農家では、長男だけは田畑を親から受け継ぐことは出来ても、次男、三男といった者たちが生活に困る。それで海外に希望の光を見出し、移民として海外へ移住した日本人も多かった。

明治維新で武士としての地位を失い、生活基盤を根底から覆されたうえに名誉も失い、不満を持っている元武士も多かった。

そういった困窮した士族救済のために、政府は士族授産制度を設けた。これは未開の土地などの開拓に携わる士族に対して政府が支援をするという制度だ。その土地には海外も含まれており、士族の海外移住を奨励した。近代的なヨーロッパ諸国の発達した産業に追いつこうと、造船業に力を入れた時代でもあり、その発達とともに太平洋の熱帯地域の島々にも、興味を持つようになっていた。

元武士たちにとって、未知の土地である南方は、好奇心と冒険心を駆り立てられる存在だったようだ。また個人のチャレンジ精神を満足させるという意味でも、魅力的なところだと思われた。「将来、貿易などで日本の国益になるのではないか」と考え、貿易商人となって利益を求め、冒険や名声を求め、南の海に向かって船出した者も多かった。

日本人の死骸を発見

日本人の役人が最初にミクロネシアと接触した時のエピソードは次のように伝えられている。明治十七年（一八八四）、イギリス船の船長が、同船していた日本人水夫八名と共にマーシャル諸島に立ち寄ると、島民が慌てて林の中に逃げて行った。追いかけて行くと、豚小屋の如き一軒の小屋があった。その屋内を探索すると、日本製の衣服の両袖を引き裂いた布の切れ端が半分砂に埋没していた。近くを捜索すると雨風に晒されたどくろが散乱していた。これは日本人が虐殺されたに違いない。島民に聞くと、初めは手厚く歓待する様子で接していたが、酋長と島民数人で船に乱入して六名の日本人を虐殺、船に積んであった酒樽と衣類を略奪し、船は石油をかけて焼いたと言う。それを聞いたイギリス人の船長は、このまま放置するわけにもいかぬと、横浜に寄って神奈川の役人に知らせてくれた。

役人が調べてみると、オーストラリア海域に真珠貝を採りに行った六名の日本人の船員たちがいたことがわかった。そして外務省にその事を手紙で知らせた。その後、二人の役人がイギリス船の船長に頼んで船に便乗し、事件調査のために発見現場まで連れて行ってもらった。一人は後に南洋探検家として貴重な資料を残すことになる鈴木経勲。もう一人は元土佐藩士・後藤象二郎の長男、猛太郎だった。

マーシャル諸島に着くと、イギリス船は後日二人を迎えに寄港するということで、一旦島を離れる。二人の役人はマーシャル諸島の王と会談し、犯人を捜すように調査の依頼をした。しばらくして、ある小島の酋長がその日本人六名を虐殺し、積んでいた荷物などを略奪したことがわかった。二人はその小島へ赴き、酋長と手下六名を逮捕し、王のもとへ連れて行った。彼らは日本人を殺して、荷物を盗んだことを王の前で白状したため、みな斬首されることになった。

処刑の日、刑場にはたくさんの見物人が押し寄せていた。ところが、急に王の体調が悪くなり、苦しみ出したので、処刑は延期。王は後日必ず処刑すると約束したが、イギリス船が迎えに寄港したので、二人は日本に帰ることになった。この時、二人は約束の証拠として、他の小島の副王と酋長の二名を人質として連れて引き揚げた。ちなみに、鈴木は、王が犯人捜しをしている間にあちこちの島を探検し、椰子の実や装飾品などの珍しいものを収集し、帰国後に『南洋探検実記』を出版した。これは後から南洋を訪れる者にとって貴重な資料となった。

鈴木と後藤は、翌年も再び訪問する予定でいた。ところが、人質として連れて来た副王と酋長が日本で死んでしまう。手厚く保護し、歓待したにもかかわらず、環境の変化がいけなかったようだ。時は冬。寒い経験をしたことがなかったことが祟ったのである。しかし、人質が死んでしまっては王に合わせる顔もない。マーシャル諸島への再度訪問は中止となり、事件も不問となった（参考：鈴木経勲『南洋探検実記』、南洋貿易株式会社『南洋貿易五十年史』）。

ミクロネシアのことが日本で一般に知られるようになったのは、この一件以降である。オーストラリア、ドイツ、アメリカといった国の商社がミクロネシアで貿易をしていることもわかり、日本人もコプラの交易を求めて航海するようになった。

スペイン領からドイツ領に

ヨーロッパ諸国の間で植民地の獲得が盛んに行われていた時代も、そろそろ終焉を迎える時期だったが、一足遅れて勢力を拡大し、強国になりつつあったドイツがミクロネシアを植民地にしようと狙って来た。

そこで古くから宣教師を送りこんで来たスペインは、「今更ドイツに渡すわけにいかぬ」と本国に援軍を頼み、ドイツと激しく戦い、両国の攻防戦が繰り広げられた。

両国が激しく対立する状況がしばらく続き、見るに見かねたローマ法王が、明治十八年(一八八五)、仲裁に入った。こうしてミクロネシアのマリアナ諸島とマーシャル諸島はドイツ領になり、カロリン諸島(パラオ諸島、ヤップ島、チューク諸島、ポンペイ島、コスラエ島)一帯をスペイン領にすることに決まった。

正式にスペインの植民地になったからといっても、とくに大きな変化はなく、スペインは相変わらず、キリスト教の布教と教育に力を入れていた。

明治三十一年（一八九八）、アメリカ合衆国とスペインの間に戦争（米西戦争）が起きた。当時、イギリスから独立し、強国となっていたアメリカの圧倒的な軍事力を前に、スペインは敗北。スペインは世界中に手を広げすぎていたため、経済的に衰退し始めていた。南洋ではカロリン諸島を維持することが難しくなり、アメリカの許可を得て、日本に売り渡しの交渉をしたが、日本が購入を決断しなかったため、結局ドイツに千六百七十五万マルクで売却することとなった。

これでミクロネシア全域がドイツ領となった。スペインの占領は、わずか十三年でその終わりを迎えたことになる。スペインはキリスト教の布教が主な目的だったが、ドイツはあくまでも産業開発が目的。彼らにとっては待ちに待ったミクロネシアの獲得だった。ちなみにスペイン領であったフィリピンも、この時からアメリカの植民地となった。

植民地から利益を求めたドイツ時代

金になりそうなものを探していたドイツが目をつけたのがコプラだ。そのため、椰子の木の植林を進めてコプラの生産に力を入れ、それを本国のドイツに輸出していた。ドイツは当初、ミクロネシアの人々を働かせるだけでなく、教育にも力を注いだ。村々の教会に付属校を設けて、ドイツ語の教育を中心に子どもたちの教育にも当たった。

しかし、アンガウル島にリン鉱石が発見されて様相は一変する。「これは大きな利益になる」と考えると本国から労働者を派遣し、パラオの人々も大勢集めて、強制的に採掘の仕事をさせた。指示に従わない人は厳しい罰を受けた。鞭打ちの刑もあったようで、ドイツ時代の評判は悪い。その頃の話は後世にも伝えられている。

パラオ人のフジオさんは、「父親から聞いた」という話をしてくれた。

「ポンペイ島では、強制労働への反発からドイツと戦争のような事態になりました。この件ではドイツ人の知事も殺されました。パラオの人も反乱を起こしました。あんまりひどい扱いを受けましたからね。

ドイツ人はパラオの人を処刑する時はみんなが見ている前でやるんです。

反乱を起こしたうちの三人のパラオ人が撃たれた。それをパラオ公園にある大きな木に吊るしたんです。日本人はそんなことしませんでした」

見せしめである。それを見ていたパラオの人たちの気持ちを想像するだけで、胸が痛くなった。このようにドイツ時代にパラオ人は、非人道的な扱いを受けていたようだ。

小笠原からミクロネシアへ

話を日本との関係に戻そう。少し時間もさかのぼる。

日本との貿易の発端は、小笠原諸島の水谷新六という男から始まった。

明治二十年（一八八七）、ミクロネシアが正式にスペインの植民地になったばかりの頃。毎年春になると、外国の捕鯨船が南方諸島より小笠原に寄港するようになった。ベッコウの原材料である亀の甲羅やナマコ、貝類などを運ぶ途中だ。その船に乗って来たミクロネシア人が、いつしか小笠原に住むようになった。

興味を持った新六は、彼らにいろいろな話を聞いた。椰子の木で家を作る話、魚や貝が簡単に捕れる話等々。人々がどんな生活をしているのか聞いているうちに、日本で使われている品物を売って商売することを思い立った。

新六は好奇心が強かった。自分の生まれ育った島のことは知り尽くし、退屈な日々を過ごしていた。とにかく行ってみたかったのだ。

島の村長に事情を話し、島民たちからも応援を得て、船を用意した。小さな漁船しか手に入らなかったが、新六は大満足だった。島の人たちに頼んで、売れそうな物を集めた。ランプ、石油、ビスケット、蚊帳、シャツ、米、小麦粉、フライパン、斧、鍋、マッチ、包丁等、ミクロネシア人に喜ばれそうな品々を出来るだけ積み込んだ。

ミクロネシア人から教えてもらったとおりに、星の光を頼りに船出した。その小さな船は大波が来るたびに何度も転覆しそうになった。だが、その都度、新六は帆柱にしがみつき、航海を続けた。何日も見渡す限り水平線しか見えず、この先、本当に島があるのだろうかと不安な毎日を送っていた。

突然、前方に大きな島が見えてきた。ポンペイ島だった。

ビジネスの始まり

おそるおそる島に近寄ると、海岸を監視していたスペインの官憲に見つかってしまった。商売をするには許可書が必要だったのだが、許可書など持ってないと身振り手振りで伝えた。すると、あまりの船の小ささに呆れられ、「本来なら処罰をするところだが、よくぞこんな小さな船で来たものだ。処罰はしないからすぐ帰れ」と追い返された。

しかし重すぎるほどの商品を積み、命がけでここまでやって来たのだ。新六は帰るそぶりをして、こっそり他の海岸へ回り、積んできた品を売って回った。商品はどれも好評で、とくに包丁に人気があった。運んできた商品はすべて売れた。売れた、とはいっても物々交換だ。新六の船は、亀の甲羅をはじめ、椰子の実や珍しい貝や装飾品などでいっぱいになった。無事に帰った新六が持ち帰った品々は故郷の島の人々に珍しがられ、好評だった。「これなら商売になる」と確信した。

二年後、新六はまたたくさんの商品を積んで、ポンペイだけでなく、他の島も回った。さらにその二年後には快通社を設立。新しい帆船も購入し、現地のチューク諸島には支店を開き、社員も数人雇った。日本から運んだ布、鍋、ランプ油、酒などが売れると、それと引き換えに南洋の珍しい物を日本に持ち帰った。

ある日、社員を何人かチューク諸島に残して日本へ帰る途中、無人島で座礁し、船が壊れた。それでアメリカの帆船を借受けることになり、アメリカ人の船長の操縦で帰ることになった。しかし、チューク諸島と日本の間のどこかで、その船もまた座礁し、船もろとも海に沈み、そのまま跡形もなく消えてしまったという。その後、新六の姿を見た者は誰もいない（参考：Peattie, Mark『Nan'yō』、『南洋貿易五十年史』）。

横尾東作

同時期にミクロネシアとの貿易に挑んだ日本人が他にもいる。横尾東作は、警視庁勤務の役人でありながら、欧州諸国が年々占領地をアジア、アフリカへと拡張しているのを知るにつけ、「日本のような小さな島国がこのままでは、経済面でも兵力面でも列強諸国と争うことなどできぬ」と悩んでいた。

そこで南洋に目をつけ、四十七歳の時に大きな決心をした。退職し、貿易をビジネスにする準備を始めたのだ。

南洋へ進出することが日本の将来にとっていかに重要か。知り合いを回って説得を続け、共同出資者を募った。そして、二十二名の共同出資で成る恒信社を設立すると、明治二十四年（一八九一）、五十二歳の東作は七十トンの帆船を購入して南洋へ向けて出航。貿易を開始した。彼はポンペイ島に店を開いた後、パラオ諸島を本拠地として活動した。そこの社員に加藤末吉という男がいた（末吉はこの時すでにパラオのコロール市で雑貨商を営み、後に、デパートに発展させ、誰もが知る存在となる）。

横尾の事業は当初こそうまくいっていたものの、次第に行き詰る。志は高かったが、しょせんは元役人で、経営の才能があるわけではなかったからだ。とうとう会社を畳み、船も売らざるを得なくなり、横尾は無一文になった。それでもあきらめきれず、もう人には頼めないと独力で新たに会社を設立し、船を借りて出航した。

ポンペイ島、パラオ諸島と回り、パラオ諸島からの帰りに伊豆で座礁し、船は沈没。また借金をして別の船を借り、今度は九州で大きな台風に見舞われ沈没。自宅を売り払い、その金で四隻目の船を買うことができた。しかし、積む商品を買う金がなく、また借金をして商品を積んで航海に出た。苦労の積み重ねだった。

それから四年後、なんとか少しの利益をあげるまでになり、ようやくこれからだという時、今までの心労がたたったせいか、突然死んでしまった。六十五歳だった。その後は息子が引き継ぎ、南洋貿易のために貢献することとなる（参考：河東田経清『横尾東作翁伝』、『南洋貿易五十年史』）。

職のない元武士を南洋貿易へ

経済学者の田口卯吉もまた南洋との貿易に乗り出した一人である。彼は南洋から帰って来た人の話をあれこれと聞くにつけ、南洋と貿易をするようになれば、日本にとっても、職を失った武士たちにとっても、明るい将来の可能性があるのではないかと考え、事業に乗り出す。そのために東京府知事を説得し、士族授産金を使えるようにした。ただし、公費を使って冒険めいた商売に乗り出したことは激しい非難も浴びたようだ。

田口のビジネスもまたすぐに行き詰り、会社は紆余曲折の末に解散となる。南洋にはビジネスチャンスが大いにあるのに、解散とは残念。そう考えた者たちが、当時、紀州第一の富豪だった三本六右衛門を説得し、資金を出してもらい、明治二十七年（一八九四）、南洋貿易日置合資会社を設立した。これで南洋との貿易が軌道に乗り、明治三十二年（一八九九）にはさらに増資をして、合資会社から南洋貿易日置株式会社と改称した。皆、大変熱心な働き者で、ミクロネシアにいくつも店を開くことができ、農業会社も設立。帆船を四隻も所有し、芳香を放つようなエキゾチックな物を多く日本に持ち込んだ（参考：『Nan'yō』、矢野暢『日本の南洋史観』）。

貿易に命を懸けた先人たち

このように、南洋貿易がうまく行くようになるまでには、多くの困難があった。危険に満ちた冒険であると知りながらも、将来の可能性に賭け、多くの者たちが日本を離れ、太平洋に乗り出した。天候も変わりやすく、航海中に突然のスコールに見舞われたり、珊瑚礁や岩礁にぶつかっては船を破損させたりと、命も商品も危険にさらした。

経済的に大損害を被るような場合でも、南方への夢を捨てられず、自腹を切ってでも、出て行く商人が後を絶たなかった。中には船に荷物をたくさん詰め込みすぎて、思うように操縦ができず、岩礁で船を壊したり、荷物を台無しにしたりすることもあった。

ようやく目的の島に着いても、それからが苦労の連続だった。自分が住むための小屋を建てて店を開き、日本から運んで来た商品を棚に並べ、言葉の通じない島の人々に説明しては、日本の商品と島の産物であるコプラや亀の甲羅と交換した。

島の産物を集めて、また日本に帰る準備をする数ヶ月の間は、灼熱の太陽と湿気に見舞われた。いくら熱意があっても、精神的にも肉体的にも困難な状況だった。だが、そういった地道な努力が、後になって日本の統治を助ける土台となった。

ドイツの官憲の反応

ここで気になるのは、ドイツの反応だ。ドイツはミクロネシアと日本の貿易を簡単に受け入れるはずがない。日本人が果敢に貿易に挑んでいた当初は、まだスペイン領の時代だった。スペインはミクロネシア海域を見張るようなことはしていなかった。だが、ドイツ時代になると外国船に対する法律を作り、ドイツの官憲が近海を見張るようになったのである。

日本は、スペイン時代に開墾のためパラオのバベルダオブ島のプレサン村という二千町歩に及ぶ広大な土地をスペインから購入していた。日本が貿易でスペインから得たこういった権利が、ドイツには気に入らなかった。そこで、口実を見つけては日本人を追い出そうとしていた。そのため、日本人に対する態度は悪かったようだ。

それでも、一九〇〇年代に入ると日本の商店も商人も増え、利益も上がるようになった。お正月には日本人仲間が集まって祝宴をしたり、情報を交換し、励まし合ったりと、日本人どうしのつながりが大きな心の支えとなっていた。

現地の人たちとも親しい交流があったようで、日本人女性がいなかったので、ミクロネシアの女性と結婚する者もいた。真面目で勤勉な日本人男性と結婚したがる現地の女性も多かったようだ。しかし、好調な日本との貿易も、そう長くは続かなかった。

明治三十四年（一九〇一）一月六日、ミクロネシア在住の日本人で組織していた日本人会のメンバー十四人が、チューク諸島で南洋貿易日置株式会社の支店開設と正月祝いを兼ねて祝宴を開いていた。

その最中、突然ドイツの軍艦が支店の前に碇を降ろした。軍艦に乗っていたドイツ人知事をはじめ、ニューギニア人の兵隊数十人が上陸し、祝宴に割り込んで来た。そして社員が護身用に持っていた銃と酒類を見つけると、知事は言った。

「銃や酒類の売買は禁止している。決まりを破ったので処罰する」

日本人は全員逮捕され、軍艦に連行され、ポンペイ島に連れて行かれた。

同時に会社の経営も禁止され、全員日本へ退去を命じられた。支店は閉鎖となり、会社は大損害を被った。その後、ドイツは自国の船以外すべての国の船をミクロネシア海域から締め出してしまった。

結局、これをきっかけに日本人全員が帰国させられた。だが、一人だけ逃れた者がいた。酋長の娘と結婚した森小弁である。土佐藩士の息子である森は、その年の二年前まで南洋貿易日置合資会社のチューク代理店の主任として勤務していた。だが、その後ドイツのジャリウット商会と契約し、独立していたためか、無罪放免となった。その後十三年間、たった一人の日本人としてチュークの小島でひっそりと暮らすことになる。彼はこの後また出てくるのでおぼえておいていただきたい（参考：『Nan'yō』、高知新聞一九八三年五月三十日～六月二十三日「赤道に生きる：森ファミリーの一〇〇年」）。

ドイツと交渉を続け、貿易が再開・拡大

締め出されたとはいえ、その後もパラオとの貿易に挑む者はいた。横浜の村山捨吉は、明治三十四年（一九〇一）、南洋貿易村山合名会社を設立し、南洋貿易に乗り出した。彼はドイツの禁止令にも立ち向かい、しつこく交渉を続け、サイパン島、ヤップ島、パラオ諸島に店を開くことができた。

村山合名会社は順調に事業を拡大する。また、将来の貿易活性化のために植林に力を入れ、とくに椰子をたくさん植えた。数年後には日置株式会社も村山合名会社も共に正式にミクロネシアで貿易ができるようになった。

そして、明治三十八年（一九〇五）、明治四十年（一九〇七）と相次いでミクロネシアには大型台風が来襲した。これを恐れたドイツの貿易商の多くは帰国してしまう。そのためドイツ時代の貿易の約八割は日本のものとなり、パラオではほぼ全部を日本の貿易商が独占していた。外国の貿易商がいなくなり、ライバルといえば、日本の日置と村山だけになってしまった。そこで、日本の商社どうしが争っても意味なしと、明治四十一年（一九〇八）には合併し、南洋貿易株式会社となった。通称「南貿」と呼ばれ、島の人々

から親しまれる存在となる。

同社は帆船を五隻所有。コプラとナマコが主要貿易品だったが、カツオ漁が始まると、漁業にも力を入れた。他にも郵便事業や客船事業も手がけ、島間の航路を作った。

こうしてドイツ時代であるにもかかわらず、大正三年（一九一四）に第一次世界大戦が始まるまで、ミクロネシアの貿易は日本が牛耳るまでになっていた。南貿はミクロネシアでは最も大きな貿易商となり、その後三十年以上もの間、とくに日本統治時代に入ると大活躍することになる。

加藤末吉は今も有名人

驚いたことに、テルヨさんには、その南洋貿易時代の記憶がまだ残っている。恒信社のところで触れた加藤末吉やその父親の加藤正一のことを覚えているというのだ。

「パラオには、江戸時代から日本人が来ています。東京でいろいろ変わりましたでしょ。サムライが終わり、天皇の時代（明治）になりましたから。

加藤正一さんはそれが嫌になって東京江戸から出てパラオに来ました。

加藤さんは日本から珍しいものをたくさん運んできました。だから、みんな加藤さん、加藤さんて、友達みたいにしていました。

ここで子どもが生まれました。それが息子の末吉。末吉は大人になって、コロールに大きなデパートを開きました。そこには日本のものは何でもありました。親子二代でパラオに日本のものを広めました。末吉の奥さんは日本人でした」

加藤一家は、太平洋戦争中はいったん日本に帰国したが、戦後また「みんなに会いたい」とパラオに戻って来たのだという。

「パラオに帰って来てからは、うちの家族と十六年間くらい一緒に暮らしていました。加藤末吉さんは本当に長生きしたのよ。ここで生まれて、ここで死にました。パラオはね、西はマングローブだけど、東は浜で、とってもきれいなんです。加藤さんのお父さんも、パラオがいいって死ぬまでここにいました」

私にとっては初めてのパラオであったが、パラオの暑さも時に心地よい。親しみやすい人も多く、住みごこちの良い土地柄だと感じた。加藤親子の気持ちが良くわかる気がした。

私もみんなに会いたくなって、翌年にはまた足を運ぶこととなった。

第二章　日本は戦わずにミクロネシアを手に入れた

海軍が艦隊を配備

大正三年（一九一四）七月、ヨーロッパで第一次世界大戦が勃発する。

世界最大の大国であったイギリスは、ドイツが急に強国となり、国力を増してきたことに警戒を強めていた。そんな折、そのドイツが八月一日、ロシアに宣戦を布告。また三日にはフランスに宣戦布告した。それを知ったイギリスは八月四日にドイツに対して宣戦を布告。そして、ドイツ、オーストリアの同盟国対イギリス、フランス、ロシアの連合国のヨーロッパ列強が二つに分かれ、戦いが始まった。そして、戦争はしだいにアジアにも広がりを見せるようになる。

当時日本はイギリスとの間に日英同盟が結ばれていたため、開戦から十日後、そのイギリスから、緊急の電報が届いた。それには中国近海のイギリス商船をドイツの攻撃から守って欲しいと書かれたものだった。これは参戦要請ではなく、支援を求めるものであった。しかし、この要請を日本は本格的に参戦するための口実とし、ドイツに対して宣戦布告することを決定（参考：北岡伸一『NHKさかのぼり日本史　外交篇[3]大正・明治　帝国外交の光と影――なぜ、欧米列強とならぶ「一等国」になりえたか』）。

当時ドイツは中国の山東省にも植民地を持っていた。日本はドイツがヨーロッパ戦線に集中している間に、これらを容易に奪えると考えたのだ。

大正三年（一九一四）八月二十三日、日本はドイツに宣戦を布告。連合国の一員として第一次大戦に参戦した。五万を超える兵を中国山東省とミクロネシアに送った。ミクロネシアに向かった日本の海軍は、艦隊を配備し監視にあたった。ドイツ領だったミクロネシア領域には大きな要塞もなく、海軍も置いていなかった。そのため、イギリスの一声で日本の海軍は実に素早く、しかも容易に占領を進めた。

日本の参戦から二ヶ月半後には山東省でドイツが敗れた。それと同時にミクロネシア領域を日本が占領し、ドイツはミクロネシアから姿を消す。だが、この時点ではミクロネシアが日本の領土になったと国際社会に認められたわけではなかった。

それでも日本の海軍は、視察も兼ねてミクロネシアの主な島々を回り、「これからはドイツに代わって日本が占領することになった」と現地の人々に伝えた。ヤルート、コスラエ、ポンペイ、チューク、ヤップ、パラオの各島に到着すると、実に早く、しかも紳士的な態度で現地の人々に接したという。

ポンペイ島に残っていたカソリック主教が大正三年（一九一四）十月七日の朝、町を見下ろせる高台に新しく建てた、教会の前に立って町を眺めていた。すると、日本の海軍の一行が波止場に到着するのが見えた。初めての来島だ。実にテキパキとした態度で、小走りに町の大通り沿いに一軒一軒家々を見て回っていた。教会にもドイツ支所にもドイツ人宿舎にも武器がないとわかると、海岸や内陸地域にもドイツ兵や役人を探し回っていた。しかし、すでにドイツ人は皆本国に帰った後で、一人もいなかった。

カソリック主教はその時の様子を次のように書き残している。

「上陸から数日後、部隊長に当たる人が島の人々の前に現れ、この島は日本に占領されることになったと実に丁寧に説明した。現在ここにあるものすべて何も変わることなく、今までのままだ。人の財産は守るし、宗教も伝統的な習慣も個人の自由も保障しますというものだった。それで島の人々の生活は平和のうちにいつも通りの日常生活に戻り、役人も軍人も実に礼儀正しく振舞っていた。軍人たちは島にある物を、盗もうと思えば何でも盗めたのに、どんな小さな物でさえも、なにひとつ無くなった物はなかった」
（Hezel,Francis and M.L.Berg『MicronesiaWinds of Change』より筆者訳）

柳田国男を兄に持つ海軍中佐

こういった紳士的な態度は、スペイン、ドイツ時代を経験した島の人々から見れば、考えられないことだったに違いない。現地での責任者となったのは、海軍中佐で当時三十六歳の松岡静雄。オーストリアのウイーンで大使館付武官として四年間を過ごしたエリートで、兄は民俗学者の柳田国男である。

松岡は大正二年（一九一三）にオーストリアから帰国した。海軍が一支隊をミクロネシアに派出した際、松岡は巡洋艦筑波の副長として命を受け、これに参加し、ドイツ艦隊を追った。大正三年（一九一四）十月にはポンペイ島に上陸。秩序回復のため、半月間滞在した。

その時の経験を、松岡は次のように書き残している。

「欧州大戦勃発後、まもなく（中略）約一ヶ月の予定をもって、この海面を巡航せしめたのであるが、（中略）今は軍人は一名も駐在せず、何ら軍事的施設もないということが明らかになり、我々は用意した機関銃の火蓋をきることなく、易々政庁を占領した。（中略）この地には田口卯吉博士らの先覚者によって創立せられた、南島商会の支店がまだドイツ領になる前に設置され、その後身なる南洋貿易会社の支店長、関根仙太郎という人は、二十余年この方面に在住し、土語に通じ、土地の事情に明るく、我々の益することが多かった。

（中略）我々は兵隊たち八十名とともに、しばらく島に滞在することに決めて、ポンペイの各地を視察して回り、島の人々を観察、島民の話に耳を傾けた。島民の船を借りて島々を渡ると、点在する民家から物めずらしそうに子どもたちが群がって来た。それは何処も同じだ。金色に光る、長い軍刀に引きつけられているようだった。

新しい腰蓑をつけた半裸体の酋長が、配下の者たちを引き連れて、にこやかに出迎えてくれた。通訳の関根氏を介して言葉を交わし、新鮮な椰子の実を割って、果汁をごちそうになった。これは島民唯一のもてなしである。やがて島民たちが太いサトウキビの茎で、鶏一羽と椰子実をかついで来て、貢物として献上してくれた。十五年の間に三つの国に転々と支配され、かわいそうな民に、言い知らぬ気の毒さを感じた」（松岡静雄『ミクロネシア民族誌』）

松岡にとって、南洋に来たのは初めての経験だった。彼の優しい気持ちは、そのまま島の人々にも伝わったようだ。スペイン、ドイツ時代に多くの戦闘を繰り返してきたポンペイの人々は、松岡をはじめとする日本人の一行をもてなし、歓迎してくれた。

その後、松岡は海軍大佐に昇進。南洋の言語や文化に大変興味を持つようになり、四年後には海軍を退役。民俗学者である兄の柳田国男の助けもあって、日本では最も優れた南洋研究の第一人者となり、民族誌、南洋各島の言語研究など多くの著書を残した。

酋長の娘と結婚した森小弁

この時、松岡らの率いる艦隊を、チューク諸島から眺めていた一人の日本人がいた。第一章で登場した森小弁。そう、日本人が皆退去させられる中、一人現地に残った男である。しばらくこの森の生涯を見てみよう。

森は幼い頃から西洋と東洋の学問に興味を持ち、向学心に溢れ、強い意志の持ち主だった。十五歳で土佐を離れ、大阪の義兄を頼り、自由民権運動に参加。上京し、かねてから志望していた政治家になる修業のため、二十歳の時に同郷の大江卓の門下生となった。

その後、大江の勧めで大江の義父にあたる後藤象二郎家の書生となり、政治の勉強に励んだ。高輪にあった後藤邸は四万坪の豪壮な洋館で、そこには長男の猛太郎がマーシャル諸島から持ち帰った椰子の実や装飾品、南洋を題材にした小説などがあった。これを見た森は、南洋の島へ強い好奇心と憧れを抱くようになった。

一方で、森は後藤象二郎はじめ、日本の政治家たちの買収工作などを身近で見聞きするにつけ政治に失望し、家出をしてしまう。その後、大江の知人である小美田利義がミクロネシアと交易をしている一屋商会に勤務するようになった。

森小弁（『Nan'yō』より）

二十二歳の時、現地に支店を開設するために社員二人と乗組員七人とともに横浜から天祐丸に乗り航海に出る。二十メートル程の小帆船で、小笠原の父島を経由して三千五百キロもの南の彼方へ向かった。

途中ひどい台風にあいながらようやくポンペイ島にたどり着き、一人の社員が下船。森は航海を続け、チューク諸島のモエン（現ウェノ）という小島にたった一人で漂着した。所持品と言えば、日本刀一振りと短銃一丁だけ。

漂着した海岸の岩場を恐る恐るよじ登って辺りを見ると、原地の人たちが槍や長い棒を振り回し、部族闘争の真最中だった。身の危険を感じた森は、隠れていて見つかるとかえって危ないと思い、大胆にも参戦して一緒に勇敢に戦った。それで現地の酋長に気に入られ、仲間として受け入れられた。

その後、森と志を同じくした日本人たちもチューク諸島に来るようになった。だが、部族間の闘争は続き、日本人仲間の一人が殺された。反撃のために森が鉄砲に火薬を詰めていたところ、暴発し、右手の指を失くしてしまった。数週間後、交易のために寄った船で日本に帰り、横浜で診察を受けた。簡単に治るような傷ではなく、数ヶ月間故郷の土佐で療養することになった。

そのまま日本で腰を落ち着けようと考えていたのだが、五年間日本を留守にしていた間に日本も大きく変わっていた。「日本はすでに空気がよどみ、生涯命を懸けて生きるに値しない」と考えた森は、再びミクロネシアに戻る決心をした。

戻ってからは家を建て、モエンの酋長から、十二歳にも満たない娘イサベルを嫁にもらった。二十九歳の時だ。

イサベルは、当時としては珍しくミッションスクールを卒業した知的な女性だった。森は彼女から多くのことを学び、チューク語を覚え、島中の人たちと仲良くなった。十一人の子どもに恵まれ、子どもたちには日本語を教えた。小さな図書館を作り、日本の祝日には家の前に日章旗を掲揚し、日本式の生活をしていた。

自分で貿易会社を経営するようになり、他社が独占していたマーシャル諸島とも提携。日本から商売を目的に人が来るようになった。スペインの官吏ともうまくやりながら、椰子の木の植林にも力を注いだ。

明治三十四年（一九〇一）一月、突然スペインからドイツに占領国が変わった。そして前述の通り、日本人への退去命令が突然出されてしまう。これ以上チュークにいることは危険だった。

しかし森は、日本に戻るかチュークに残るかの選択に苦しんだ末、残ることに決めた。ただし、ドイツの監視を避けるため、家族で離島に引っ越し、隠れて暮らした。

大正三年（一九一四）十月。森、四十五歳のある天気の良い空の澄みわたった日、「日本の軍艦が来た」と聞き、海岸へ走って行くと、海の彼方にポツポツと黒いものがいくつも見える。目を凝らしてみると日本の国旗が見えた。本当に日本の軍艦だった。世界大戦で山東省のドイツが敗北し、ミクロネシアは戦いもせずに日本の手中に転がりこんだのだ。森は驚くと同時に海岸で一人座り込み、「日本もようやく南の島に目を向けてくれた」といつまでもいつまでも歓喜の涙を流し続けたという。

その後、ミクロネシアが日本の領土となってから、森小弁は日本にとってなくてはならない人物として大活躍することになる。

私は滞在中に森小弁の長男の息子の正隆氏ご夫妻と会うことができた。八十代という高齢ではあったが、とてもお元気だった。正隆氏は、

「第二次大戦が始まった時、赤紙が届き、日本兵として召集された時の嬉しさは今でも忘れられない」

と話してくれた。森小弁の五男の五郎氏と六男の六郎氏の方が孫の正隆氏より年が若く、ご健在ということだった。今では子孫が三千人以上を数え、チュークのビジネスも政治も動かし、飛行場もテレビ局も森家の財産だ。二〇〇七年からミクロネシア連邦の大統領を務めるエマニュエル・モリ氏は森小弁の子孫にあたる（参考：『Nan'yō』、「赤道に生きる：森ファミリーの一〇〇年」）。

列強との綱引き

話を戻そう。占領したとはいえ、まだミクロネシアが日本の領土になるという保証はなかった。イギリスは自国の商船がドイツの攻撃を受けないように、とりあえず日本に見張っているように依頼しただけで、後日どうするか話し合うつもりでいたのである。アメリカも、日本はイギリスから依頼されたのに過ぎないから、第一次大戦終結後にはイギリスに返還するものと考えていた。

もちろん、日本政府はミクロネシアを植民地とすることを強く望んでいたが、当面「ミクロネシア全域を獲得した」という発表はせず、ヤルート島という小島の占領だけを発表し、他の島々の占領の発表はしばらくしないことにした。ミクロネシアが日本の領地なのかどうか、その明確な決定はパリ講和会議に委ねることにしたのだ。

講和会議までの数年間は、うやむやの状態が続いた。だが、日本は海軍が占領したチューク諸島に、大正三年（一九一四）十二月には臨時南洋群島防備隊を送り込んだ。翌年春には政府から医学、農学、科学などさまざまな分野の専門家を送り、調査を始め、文部省からその報告書が提出された。これがいかにも日本の領土であるかのような印象を与えるものとなった。

当時、ミクロネシアを日本が譲り受けることをフランス、ロシア、イタリアは了解していた。だから、あとはイギリスの了解さえ得られれば獲得できると日本は考え、さほど大きな問題とはとらえていなかった。しかし、日本側が関係ないと思っていたアメリカが実はこの問題に強い関心を寄せていたのである。

日本政府は開国以来、富国強兵政策を採り、近代化を早急に推し進めてきた。同時に、ヨーロッパ列強やアメリカのような帝国主義を日本でも採用する必要があると判断し、アジア諸国への進出拡大を考えた。

日清・日露の二つの戦争の結果、台湾、朝鮮半島と樺太を得たことで、日本は市場を海外へと拡大し、技術と戦力の高さを世界に見せつける結果となった。その発展ぶりを見ていたアメリカは、日本を見直すと同時に、その存在を脅威にすら感じ始めていた。もともと文化も違い、安い給料で働き、粗末な家に住んでいた日本移民を軽蔑していたアメリカ人だったが、日露戦争後には、日系移民に恐れすら感じるようになっていたのだ。そのため、南洋に貿易を求めて進出してくる日本に、警戒心を抱くようになり、太平洋を挟んだ両サイドの国で、緊張感が続くこととなった。

アメリカは、太平洋上の有事の際の戦闘プランを、「オレンジプラン」と名づけて準備をしていた。一番の心配は、日本が日清戦争で手に入れた台湾と非常に近いフィリピンを日本に取られることだった。

日本がミクロネシアを我が物にするとなると、やがてはフィリピン、グアムやハワイも狙われるのではないか。アメリカにとって戦略的にも重要な島々を奪われる懸念があったため、ミクロネシアが日本領となることに難色を示したのだ。

もう一つ、アメリカにとって心配事があった。ドイツがヤップ島に設けたケーブルの存在である。彼らは上海、グアム、オランダ領東インドをつなぐこのケーブルを日本に独占されることを恐れた。

こうした事情から、イギリス側にはとくに反対する勢力もなく、日本を排除しようとする動きもなかったのに、アメリカのせいではっきりしない状況が続いていた。しかし、その間も、日本は着々と植民地にする準備を進めていた。

同化政策

準備とは、どのようなことか。

日本政府は、いずれ正式に日本の植民地になるものと信じて、ミクロネシアの統治方法を検討した。当時、植民地を持つヨーロッパ諸国の大国では、現地住民の扱い方をどうするのが一番良い方法かいろいろ議論されていた。

植民地とは、簡単に言えば現地住民の犠牲によって、本国の利益をはかるためのものだ。普通に考えれば、現地住民は搾取されるわけで、反発するのは自然の理である。それに対抗するには、暴力的な手段や圧政は避けられないと考えられていた。ただし、力によって制圧すれば、いったんは収まっても、当然、現地住民はより強く抵抗するようになる。するとさらに一層、軍事的、暴力的な支配を強めざるを得なくなる。

スペインやドイツが統治していた頃のミクロネシアでも、抵抗と制圧の繰り返しで多くの犠牲者が出ていた。かといって、独立した国家として相手の権利を認め、丁重に扱うと、いずれ本当に独立して本国から離れてしまいかねない。そうなると、本国にとってはせっかく手にした植民地が、利益につながらない。悪循環を招くことはわかっていても、圧政を敷かざるを得ないというのが当時の植民地支配の実情であった。

しかし、日本政府は、圧政でもなく、独立を促すでもない、同化政策が人種的反感を防止できる最良の方法と判断していた。そして台湾や朝鮮と同様に、ミクロネシアでもこれを採用することにした。植民地の文化を、本国日本の文化と同じようにすることで、抵抗を防止しようという政策である。言語、習慣、社会秩序といった日本的文化を教育によって教え込み、現地住民を日本に同化させようとしたわけだ。

とくに日本語教育に重点を置き、日本本土から来た人たちと、日本語で話すことで日本の文化に触れ、「自分たちの国も日本なのだ」と思えるようにする考え方だった。

もちろん、これにも問題点はある。自国で長い歴史をかけて築き上げてきた文化、言語、習慣などを崩壊させることにもなるのだから、やはり抵抗は避けられないとの考えもあった。実際にフランスも植民地に同化政策を適用したが、結局、現地住民たちの抵抗が強く、軍隊を派遣して制圧しなくてはならなくなっていた。

文化が近いほど同化政策は成功しやすいように思えるが、実際には台湾や朝鮮でも現地住民の抵抗が幾度か起こり、最初の思惑通りにはいかなかった。こうした先例から考えると、文化のまったく異なるミクロネシアで、うまくいくかどうかは不透明であった。

日本海軍が治めた最初の四年間

大正三年（一九一四）十二月、海軍は臨時南洋群島防備隊司令部をチューク諸島に置き、支部をサイパン島、パラオ諸島、ポンペイ島、ヤルート島、チューク諸島の五ヶ所に置いた。翌大正四年（一九一五）にはヤップ島にも六ヶ所目の支部が置かれ、全支部に役人を送っている。

支部に勤務した役人たちは、島の人々を守る責任を負わされた。その地域を調査し、今後の島の発展のために必要な調査を行い、それを司令部に報告するのが主な仕事だ。

今後のために必要とされたのは、道路建設、水路表示、波止場、荷揚げ場、海図、国勢調査など。島の人々には、教育、特に日本語の普及、道徳教育、衛生状態の改善などが試みられた。日本からの移民も少しずつ増加したため、島間の船の定期便、貿易、農業の推進の必要性なども報告された。

その頃現地を訪れた、他国の人々からは、日本の海軍の現地の人たちに対する心暖かい扱い方や日本の統治は品格のあるものとして高く評価されていた。当時の出版物には、「日本の役人、教師、医者、科学者といった専門家たちは新しい日本の国を作ろうと努力している」など好意的に描かれ、「現地住民も日本人に統治されてなんと幸運なことだろうか」と紹介されていた（参考：『Nan'yō』）。

日本の役人にとっては不慣れな地域だったが、占領より十年以上も前から、日本の商社や南貿の社員として駐在していた日本人がいたことは、大きな力となった。彼らが案内役をつとめてくれたのである。

先述した森小弁は海軍司令部の政務顧問に任命され、政府の依頼を受けてチューク諸島の文化や伝統的習慣に関する本を出版した。それは、後になって役人や移民たちの道しるべとして活用されただけでなく、民俗誌学的にも優れた内容だった。

森のように良識のある者ばかりだったわけではない。金儲けだけが目当ての者もいたし、海軍の中にもリン鉱石や農作物を密輸して一儲けしようと企んでいた者もいた。

もっとも、それも初期の頃だけで、いくつかの悪事が発覚してからは取り締まりも厳しくなり、そのようなことも起こらなくなった。海軍が駐留した大正三年（一九一四）～大正七年（一九一八）の四年間は、「軍政期」と名づけられている。

大正七年（一九一八）には防備隊の中に民政部を置き、それまでの軍政庁を廃して民政署とあらためた。警察以外はすべて民政部、つまり軍人でない役人たちがミクロネシアを統治することになったのだ。一方、今後、ニューギニア、セレベス、フィリピンなどへ経済的進出をする際、海軍の司令部は、どこが最適かが議論された。当時のパラオは文化程度も低く、辺鄙な土地だったが、「一番西が良かろう」と移転先としてパラオに決定。チュークに設置されていた臨時南洋群島防備隊司令部はパラオに移転され、フィリピンへもニューギニアへも進出がしやすくなった。

正式に日本の統治領に

終戦の翌年の大正八年（一九一九）、第一次世界大戦に参加した戦勝国の代表団がフランス・パリに集まり、戦後処理についての話し合いを行う、パリ講和会議が開かれた。日本は世界の五大国として招かれ、世界の一等国の仲間入りを果たす。この時に国際連盟の創設が決定された。

ここで日本は戦後の処理を巡って難しい局面を迎えた。ウイルソン米大統領が日本の中国への進出を非難し、戦争中に獲得した権益を放棄するよう求めたからだ。しかし、日本はこれを拒否した。そのため、会議に参加した各国から反感と不信を招くこととなった。

ミクロネシアに関しても、ウイルソン大統領は日本の統治に反対。日本は難しい立場に立たされた。

結局、ミクロネシアは日本の植民地ではなく、委任統治領とするという決定がされた。

植民地ほどの権限は持たず、物質面や精神面で現地住民が幸福な生活を送れるようにする。いずれ独立国家としてやっていけるように支援する政策にすべきだ、という取り決めである。

武器及び酒類供給の禁止、軍事的施設の建設や軍事訓練の禁止、強制労働の禁止などの条件が付けられ、通商貿易上の機会均等も適用されなかった。武器はともかくとして、酒類の禁止は、現地の人には辛かったようだ。これについては後述する。

また、他国との貿易に制限がつけられ、取り決めが守られているかどうか、国際連盟に対して年間報告書の提出が義務付けられた。

日本政府は、こうした結果に大きな不満を抱いていた。国内には、「ドイツ領を戦うことなく手に入れるのはモラルに反する」という意見もあった。しかし、「日本のような小さな国土の国にとって、ミクロネシアを獲得することは、海上貿易上、将来の発展のためには重要だ」という意見が多く、そのためには自由貿易を行える必要があった。また、有事の際には軍事的に利用する必要もあると考えていた。

ウイルソン大統領の横やり

パリ講和会議での決定には、ウイルソン大統領は不満を抱いていた。アメリカの植民地だったハワイ、グアム、フィリピンと日本の統治領ミクロネシアが距離的に近いことに警戒心を持っただけではない。ヤップ島にあるケーブルを日本に独占されることも警戒していたため、彼はヤップ島を統治領から除外しようとしていた。

しかし、アメリカに賛同する国はなかった。大正八年（一九一九）十二月にヤップ島についてはとくに明記されないまま、日本に統治国として譲渡されることに決まった。それでもなおウイルソンは、その後もヤップ島の件を問題視した。そして「アメリカとしてミクロネシア全域を渡すことには賛成しない」という立場を最後の最後まで取り続けたのだ。

ウイルソンの任期が終わると、共和党が後を継ぎ、徐々にヤップ島のことも忘れられていった。だが、ウイルソンは任期を終えてからも日本との今後の関係に疑問を持ち、「関係が悪化するのではないか」と懸念を口にしていたという。

一方、日本は、他国との貿易に制限をつけられたことを口実に、入港の手続きを複雑にし、ミクロネシア海域への外国船の入港を厳しく制限するようになった。これについてもアメリカは疑心を持った。日本は協定を破って海軍の基地の建設をしているのではないか、ヤップ島にあるケーブルを利用してミクロネシアをコントロールしているのではないか等々。

大正十年（一九二二）、米国でワシントン会議が開かれた際には、アメリカの大統領はハーディングになっていた。ハーディングはウイルソンから事前に話を聞き、この会議でヤップ島のケーブルについて話し合いが持たれた。ミクロネシアが日本の統治領であることは、すでに世界に浸透していた。そのため日本の統治領からヤップ島を除外するのではなく、アメリカがケーブルの使用許可と在住許可を得られるようにするということで決着した。

同年十二月にはアメリカの貿易船がミクロネシアを往来することを全域で許可した。国際連盟で決められた通り、軍備のための要塞を建設しないという約束を交わし、アメリカは日本がミクロネシアを統治することをようやく認めた。大正三年（一九一四）に日本がこの領域を占領してから、実に七年後のことだった。

こうして日本は、国際連盟の取り決めで自由貿易が制限され、貿易を拡大することが出来なくなった。その代わり、特別な許可がない限り、日本人以外の外国人や外国船の出入国を禁止することが出来たので、これは外国船を締め出すいい口実になった。ミクロネシア領域の情報が国外に漏れることを防ぐことができたのも事実であった。

第三章　ミクロネシアは日本の統治領になった

「南洋庁」が建てられた

こうしてミクロネシアは正式に日本の領地（委任統治領）として世界から認められ、日本統治時代が本格的な幕開けを迎えた。

この統治について、日本国内には二つの考え方があった。外務省は、「国際連盟の監視下に置かれる限りはパリ講和会議での取り決めを守り、一等国としての地位を守りたい」と考えていた。一方で、海軍省は「有事に備えて軍備を進めたい」と考えていた。パリ講和会議で満足な結果が得られなかったため、日本と西洋との間に緊張が高まりつつあったからだ。

外務省と海軍省の間では、長期にわたって議論が進められた。結局、両者の思惑は一致しないまま、パリ講和会議から三年後の大正十一年（一九二二）四月一日、コロール市に南洋庁が設置された。パラオ、サイパン、ヤップ、チューク、ポンペイ、ヤルートの各島にも支庁が置かれた（参考：今泉裕美子「南洋群島委任統治政策の形成」、『岩波講座　近代日本と植民地4――統合と支配の論理』所収）。

結果から言えば、少なくとも国際連盟から脱退する昭和八年（一九三三）までは、委任統治国としての取り決めをきちんと守り、国際連盟の監視下に一等国としての地位を守ることができた。大正十年（一九二一）から毎年国際連盟に提出された報告書『Annual report to the League of Nations on the Administration of the South Sea Islands under Japanese Mandate』は、脱退後も続き、昭和十三年（一九三八）まで提出された。

その報告書は今も東京大学の図書館に保管されている。私がその報告書を手に取って見た時、教育から衛生状態、波止場の建設、学校設備、道路建設、病気調査、医療サービス、農作物、海洋資源、人口の推移、貿易など多岐にわたる内容で、英文でぎっしりと書かれていた。報告書は年を重ねるにつれて厚くなり、最終的には十センチもあろうかと思われる、電話帳ほどの分厚いものとなっていた。

「差別が消滅し、混然融合した同じ国民」に

占領以来、推し進められてきた同化政策について見ていこう。

当時の南洋庁長官で、歴代の長官の中では最長の八年間に亘って長官を務めた横田郷助は、現地住民について次のように述べている。

「我々の任務は、島民の福祉を増進することにある。風俗の変改が必ずしも唯一の目的でない。同時に、習慣や古いしきたりの保存も重要な問題ではない。そうではなく、一日も早く、人種的、民族的差別が消滅し、混然融合した同じ国民となることを希望する」（『ミクロネシア民族誌』）

同化政策への賛否はあろうが、ここにはスペインやドイツとは大きく違う日本人ならではの心情が現れている。当時の現地住民は、男はふんどし、女も腰みのだけで上半身裸の状態。その彼らと一日も早く同じ国民となることを願っていたのだ。人種的民族的差別が消滅し、日本人もミクロネシア人も一つにとけ合うことを望んでいた。こういった気持ちは、大戦の勃発で初めて上陸した松岡も、この横田も、台湾や朝鮮への日本の植民者も、共通して持っていた心情ではなかったろうか。

台湾や朝鮮と比較すると、ミクロネシアは経済規模や人口から見て規模が小さいよう

コロール市にあった南洋庁
（『南洋踏査記念写真帖』〔国立国会図書館蔵〕より）

コロール市にあったパラオ支庁（『南洋踏査記念写真帖』〔同上〕より）

に見えるが、当時の日本政府は統治のためにかなり力を入れていた。南洋庁の規模は台湾や朝鮮とほぼ同じ規模となった。

ドイツ時代は、南太平洋に二千もの島々が広範囲に広がる中に、二十五人程の役人を配置しただけだったが、日本は、大正十一年（一九二二）の南洋庁設立当初、職員だけで六百三人も配属している。それが昭和十二年（一九三七）になると、千二百四十三人にまで増えた。パラオだけでも約八百人の役人が居住していた。既婚者は家族連れで移住していたので、かなりの人数の日本の役人と、その家族が居住していたことになる。

日本人を父親に持つ貴子さんがこんな話をしてくれた。

「コロールには南洋庁と支庁と二つありました。支庁はパラオを管轄し、南洋庁は全島、ミクロネシア全体を管轄するんです。南洋庁と支庁とでは役人が別々ですから、それだけ役人がたくさんいたということになります。

それぞれに官舎がありました。判任官とか勅任官とか三段階くらいになっていて、全部家の構えが違います。見れば『これは判任官の家だ』って風にすぐにわかりました。

昔は明治節だの天長節だの四大節ってありましたでしょ。その時に役人はみんな官服を着るんです。小学校の先生も着ました。白いスーツに白い帽子かぶって、サーベル下げて、かっこ良かったですよ。帽子にはつばがついていました。パイロットのような白の上下に金ボタンで指揮をしました。女性は袴か洋装でした。フリルのついたようなのを着ました。官庁の方は全部その官服を着て整列していました。待遇も良かったし、すごいお給料だったみたいです。

日本から先生になりたい人がいっぱい来たそうです。だから選ばれてここに来た人ばかりです。特に公学校の先生は優秀な人が多かったんです。人間的にもよく出来た人たちでした。随分尊敬されていました。

子どもだけではなく年取った人たちも、先生、先生って言っていました。

町の中にも大きなお店持って、結構贅沢な生活していた日本人がたくさんいました。だけど私たちから見たら、官舎の人といったらそりゃーすごかった。ぜんぜん違いました。政府の人が上、民間人が下って感じでした」

私が街中を散策していた時、幅一メートル、高さ五十センチほどの官舎の一部を見つけたことがある。かつて塀であったのか、外壁であったのかはわからないが、十五センチほどの分厚い、小石が混ざったコンクリートだった。それを見ただけでも立派な官舎があったことは容易に想像できた。

南洋庁で働いていたというパラオ人のカズオさんからも話が聞けた。

「昭和十二年から昭和十四年まで南洋庁の本庁にいました。農林課で、お茶ボーイとして働いていていました。課は、秘書課と文書課と地方課と財務課とそれから水産課と交通課、商工課。その各課にひとりお茶ボーイがいました。日本人でお茶ボーイとして働いていた人もいます。女の人でもお茶ボーイと呼ばれていました。

私のいたころは、北島謙次郎という人が南洋庁長官でした。この人の下はみんな日本のいい大学出たエリートばかりでした。九州帝大、東京帝大や農林学校を出ている人もいました。普通の大学も早稲田、慶応とかたくさんたくさんいました。そういう人たちが僕のこと、とてもかわいがってくれました。

コプラの栽培の仕方や、コプラの作り方など、ここに教えに来ていた偉い日本人がいました。ボルネオかインドネシアでも教えた経験のある人たちだそうです。あそこにも椰子の木がたくさんありましたから。

私はもう八十になりますが、農林課の人とは今でも文通しています。六十年も七十年も文通しています。その人は仙台にいます。土木課の人とも文通しています。あとはみんな死んじゃいました」

私は、戦後から六十年経っても交流が続けられていることに驚いた。日本の役人たちにとっても日本統治時代はなつかしい、楽しかった思い出の時なのかもしれない。役人の多くは、帝国大学の法学部卒で、植民地での経験を積んだ非常に優秀な人材だった。報酬、賞与は高く、特権階級であるという意識も非常に高かった。

彼らに支給された制服は、金ボタンと肩章のついた白いスーツ。金ボタンには椰子の葉と桜の模様が描かれた。その白いスーツがパラオ人だけでなく、日本から来た多くの移民の目にも、同じ日本人でありながらまったく違う特権階級であることを印象づけた。

南洋庁の下には、学校、病院、警察署、研究所などの様々な機関が設置された。役人の主な仕事は、現地住民たちの健康調査、公衆衛生の普及、港湾の改善、道路建設、漁業、農業、土地の調査と報告など。他の植民地に比べればずっと緩やかだったとはいえ、統治国として守らなくてはならない規則なども作った。裁判所制度の下で人を裁くため、パラオのコロールに高等裁判所と地方裁判所が、そしてサイパンとポンペイにそれぞれ地方裁判所が置かれた。最終的な審判は南洋庁長官が下した。

水産試験場、熱帯産業研究所、熱帯生物研究所といった政府機関や、主として皇室崇拝の神社として天皇・皇親・功臣を祀るための、国家の神社としては一級の官幣大社南洋神社も設置された。そこの職員も、みな南洋庁の役人だったから、パラオの中でもとくにコロール市にはかなりの数の役人が暮らしていたことになる。

役人は特権階級

南洋庁の役人は、民間の日本人とは服装が違うだけでなく、生活レベルにも大きな違いがあった。そのため官民の間には溝もあったようだ。戦前、コロール島にあった水産試験場で働いていた倉田さんは、役人ではあったが、当時二十歳前の若者で、地位は低かったという。その倉田さんは役人たちをこのように見ていた。

「役人たちは半日しか働いていませんでした。午前中で仕事はおしまいでした。休みになるとカフェへ行って酒を飲んだり、あとは玉突きかマージャンをしていました。それで給料は日本の倍もらっていましたから、みんな南洋に行きたいと自分で志願して来たようです。

月給が日本ならば三十五円~四十円。それでもこっちへ来ると七十五円。笑いが止まらない。七十五円といったら大金でした。当時僕は五円貯金していました。毎月五円って言ったらあんまり大きな声じゃ言えないけど、日本の芸者を一人一晩買えるお金です。

子どもたちは五銭十銭だって大喜びしていた時代です」

日本の倍の月給が保証され、仕事半分で遊んでいられるなら、多くの志願者がいたこともうなずける。同様に子どもの時に親と共にパラオに渡り、太平洋戦争に参加し、戦後はグアムで暮らしている高田さんはこう証言する。

「僕はコロールの小学校へ行ってました。クラスは民間人の子も官庁の子も一緒でした。でも、僕ら民間人の子は、官庁の子どもとは一緒に遊びませんでしたよ。口もききませんでした。

クラスの中は官庁の子どものグループと、民間人の子どものグループに分かれていました。学校が終わると、パラオの子どもたちと一緒になって、パラオ公園へよく行きました。公園へ行くときは、官庁の子と喧嘩するつもりで、竹とか木を持って行くんですよ。それでよく喧嘩しました。ちゃんばらごっこです。棒でぶんなぐったりしました。親どうしは特に区別がありました。官庁の日本人がえばってたせいもあると思います」

役人の特権階級意識は、大人だけでなく、子どもにもあったようだ。パラオ人のチエコさんは、こう話す。

「日本人でも政府と民間は別でした。仲良くありませんでした。今でも、四十年も五十年も経って、同窓会やった時に、役人の子は『私のお父さんは役所の仕事やってた』って、えばって言う人がいます。もう昔の話なのに、いまだにえばってます。私、役人の子ども嫌いでした。そういう子とは遊んだことありません。役所は役所。民間は民間。役人の子どもたちは日本で言えば坊ちゃんなんです。お店、商店の子どもたちは下町の子ども。一緒には遊びませんでした。島民と一緒になって、モリを持って魚を捕りに行ったりするのは民間の子どもです」

さきほどの倉田さんも、同様のことを話してくれた。

「役人の子どもは役人たちの居住地域、官庁街の中でしか、遊んでいませんでした。一方、民間の日本人の子はもう窓を開ければ、パラオの子どもたちがいるわけですよ。遊びにかけちゃ、島民の子の方が天才でしたから、島民のあと追っていれば、楽しいことがいっぱいありました。子どもたちに国境はありませんでした。

そういう野性的な遊びを、残念なことに役人の子どもたちは、味わえないでいました。ある程度になったら日本の学校へ行きましたから」

おまわりさんは何でも屋

役人の中でも格差はあった。一番地位が低かったのが、巡査である。パラオ人でペリリュー島出身のトミエさんは、巡査から名前をつけてもらったという。ペリリュー島は、コロール島よりも人口が少なかったせいか、住民と巡査の関係がより密だったようだ。

「もし誰か亡くなると、駐在所へ行って、どういう人がどんな病気で亡くなったかって言います。生まれた時も行って、男の子か女の子か言います。時には名前をおまわりさんがつけてくれました。うちのおばあさんが、私の娘が女の子を産みました、名前はまだないと言いましたら、そのおまわりさんが、紙にトミエと書いてくれました。

パラオ人のおまわりさんもおりました。パラオの人は『巡警』と言いました。

太平洋戦争前に、おまわりさんと先生がうちへ来て、遊んだり、ダンスやったり、歌ったりしていました。おまわりさんも一緒になって。戦争のずーっと前もそうでしたけど、戦争が近づく時には灯りが外にもれないように、黒いカーテンをして、レコードならしてダンスしたりしてました。『うーちのラバさーん酋長の娘』って歌ってました」

巡査も役人なのだが、直接島の人々と接する仕事のせいか、いばったりせず親切な人が多かったようだ。巡査は、税金の徴収、衛生管理、情報の流布、道路建設の監督など、日本政府とパラオ人の間をつなぐ、一番重要な責任と役割を負うようになった。それぞれの支部に警部長を置き、その下に二、三人の巡査を置いて、島々の監督をした。

政府は、村で指導的立場にいる現地住民や、その息子を巡査の補佐役として「巡警」に採用し、住民の取締りに当たらせた。巡査の中には、取締りが厳しく、暴力を振るうような人間もいたらしいが、概して穏やかで面倒見の良い人が多かった。家族の死亡や出産の届出も警察で行っていた。そのため、住民は名づけ親になってもらったり、相談したりと、住民からも信頼され、親しい間柄だったようだ。

飲酒で監獄へ

もちろん、警察本来の任務も果たしていた。パラオ人のシバタングさんは、監獄に入った経験をこう語る。

「コロールにいた時、僕はカルボス（監獄）に入れられたことがあります。小さな部屋で洗面器を便所として使っていました。ご飯は塩だけの握り飯でした。もう二度と行きたくありません。おまわりさんは厳しかった。ビクビクして暮らしていました。でも、日本人と遊ぶのは楽しかった」

特に取締りの対象になっていたのは、酒である。カズオさんはこう振り返る。

「一番禁止されていたのは飲酒。国際連盟のルールとは別に、『人間として酒を飲んじゃいけない』と言われていました。酒を飲んでいるのを見つけられたら、二十九日間の拘留ですよ。監獄に入ると、畳一枚くらいの部屋に入れられます。便所は缶です。日課は、朝起きたら自分の便所を自分で洗いに行って、きれいにする。その缶をきれいにします。

枕は三寸角の材木です。食べ物はサツマイモか、あるいはおにぎり。にぎり飯は一回で一個。一日三個。そんな人たくさんいました。そんなに痛い思いもしませんでした。日本人はパラオ人にお酒を売ってはいけないことになっていました。でも売ってくれる日本人もいたんですよ。仲良くしていましたから。日本人は当たり前に飲んでいました。沖縄の人たちもいました。あの人たちも日本人ですから飲んでもいいんです」

ペリリュー島のスソニンさんもこう語る。

「うちのお父さんは飲んべえでした。一ヶ月くらい監獄に入っていました。うちに帰って来たら、また一升瓶飲んで。たくさん飲みすぎて、また見つかって。だからうちのお母さんいつも怒っていました。うちと監獄を入ったり出たり、行ったり来たりしていましたから」

日本人と一緒に夕食を囲む場合、日本人は酒を飲めても、パラオ人は一滴も飲めなかった。伝統的に飲んできたカバ酒も禁止されたため、刑務所に入れられるパラオ人は後を絶たなかったようだ。昭和十三年（一九三八）になって、ようやく緩和されて日本の役人と酋長たちとの祝宴の席など特別な場合は飲酒が許可されるようになった。

日本は宗教の自由を認めた

宗教に関しては、とくに規制もなく自由な状態だった。

日本統治時代になる以前からプロテスタントもカソリックも広まっていて、教会もあり、宣教師たちもいた。日本統治時代になってからも、スペインからはカソリックの宣教師たちが送られ、アメリカからもプロテスタントの宣教師が送られて来た。宗教心を持つことが現地住民の文明化に必要と考えられていたからだ。

そこに加えて、日本からの移民の増加とともに、仏教、神道、天理教なども入り、多様な宗教が存在するようになった。

当時の宗教事情について、貴子さんはこう話す。

「日本時代はお寺がありました。本願寺です。その中で幼稚園やっていました。結構格の高い方がみえたんです。初めにいらしたお坊さんはとても上品な偉い方でした。後から聞いた話では家柄が良くて、本願寺の大谷派の方ということでした。皇后陛下の妹さんが嫁いだ先からいらした方だという話でした。でも、太平洋戦争でお寺も神社も壊されてしまいました。しかたがありません」

その話を聞いて、南洋神社が今どうなっているのか気になり、行ってみることにした。ところが、タクシーの運転手に「南洋神社の跡地へ行きたい」と言うと、そんなもの知らないと言う。地図で説明してやっと跡地に着いたが、石畳が何段かあるだけだった。

そこを眺めていると、隣に住んでいるという男が現れて、「ここは私が地主に頼まれて掃除しました」という。神社について尋ねると、

「その前はジャングルで、掃除しているうちに石段が現れてびっくりしました。昔、神社があったなんて知りませんでしたから」

戦後生れの彼は、日本統治時代については知識も興味もないという感じだった。トミオさんは言う。

「僕が練習生（日本の家庭で様々な手伝いをする学生・後述）の時、行く先がヒロセさ

んというお坊さんのうちでした。お坊さんが棒で何か叩いてお経を読んでいました。洗濯したり雑巾かけたり、お客がたくさん来ましたから、その靴の向きを変えたりしていました。帰る時履きやすいようにです。ご飯は箱みたいなので用意しました。一人一人べつの箱です。いっぱいありました。

ご飯は他から配達してくれました。お坊さんのうちだから結婚式も挙げて、お葬式もしていました。みんな、とてもいい人たちでした」

移民たちにとっても、お寺は日本と同様、生活の一部となっていたのかもしれない。ただし、誰もがキリスト教や仏教を受け入れたわけではない。同化政策が進むにつれ、パラオの伝統的な文化が失われることに不安を抱いたパラオ人もおり、彼らは自分たちの伝統を守ることを目的とした「モデクゲイ」という新興宗教を秘密裏に結成した。目立つような存在ではなかったが、後になって日本政府の知るところとなり、厳しく取り締まられた。経済的繁栄と日本人の存在をありがたいと思うと同時に、全面的に肯定するわけにはいかないという気持ちがあったのだろう。もっとも、そのような集団はミクロネシアの中でもパラオにしか存在しなかった。

病院も建設

現代の日本人の清潔へのこだわりは、諸外国からは神経質に見えるほど徹底したものらしい。当時も現地の人々と清潔感についての意識には大きなギャップがあったようだ。単に不潔だというのならば問題はないのだろうが、そのためにアメーバ赤痢の流行や、皮膚病、淋病、結核などが相当数見受けられたようだ。

こうした病気の影響で人口が減少傾向にあったことから、衛生観念の普及と病気の対策は急務とされた。とくに疫病や健康状態を徹底的に検査された。占領の翌年の大正四年（一九一五）には、「南洋群島伝染病予防規程」が発布された。海軍の軍医たちが各島で無料で診療する制度だ。診療は、現地の人ばかりでなく、日本移民も含めて施された。その後、経済的に難しい人以外からは、実費を徴収するようになった。

住民には寄生虫による病気を持つ人がとても多く、大正七年（一九一八）に島民学校の生徒を対象に検便を実施したところ、八十六パーセントの生徒に寄生虫が発見された。

南洋庁が出来た年には、サイパン、ヤップ、パラオ、アンガウル、チューク、ポンペイ、ヤルート、コスラエの各島に、それぞれ小さいながらも政府の病院が建てられ、公衆衛生に熱心に取り組んだ。経験豊かな医者、看護婦、薬剤師がその任務にあたり、医者たちは小さなボートで離れ小島にまで出向いた。小学校、公学校では学校医を設置し、毎月の調査と年一回の身体検査も実施されるようになった。

こういった努力の甲斐もあって、公衆衛生に関しては大きく改善され、人口もヤップ島以外では増加に転じた。生活環境を衛生的にするために、住居や貯水槽なども改善した。

原地住民の住居は椰子の木で建て、屋根も椰子の葉で葺いた家で、土の上に裸足で暮らしていた。日本人が来てからは高床式の家を作るようになり、飲料水もトタン屋根に筒状の樋を付け、雨水を水槽に集めて飲料水として使用するようになった。

公学校では朝礼の後、手や爪がきれいかどうか、先生が一人一人検査した。子どもたちにも衛生観念や清潔さの教育をする必要があったからだ。

第四章　貨幣経済がやってきた

コプラが日本円に

半ば押し付けにせよ、外国との貿易が始まってからミクロネシアの経済が発展したのは間違いない。なにせそれまでは、貨幣経済すら存在していないような状態であった。スペイン時代の輸出品は、珍しい農産物や海産物や装飾品、ドイツ時代にはコプラとリン鉱石が中心だった。代わりに物々交換で輸入したのは鉄製品などの日用品やライフル銃などであった。

ドイツ時代には、強制労働の対価として一部貨幣が使われたらしい。だが、島民たちは賃金として貨幣を受け取るより、食料や物品を得ることを望んだ。

日本との貿易が開始されてからも、しばらくは物々交換だったが、日本が本格的に統治するようになると、ミクロネシア人たちもお金を使うようになっていく。

日本統治時代の幕開けとともに、日本との貿易が盛んになると工業も発展し始める。労働者の需要は広がり、日本からの移民が急増した。現地の人々も労働に駆り出されるようになった。それによってミクロネシアの島民たちも金銭を労働の対価として取得することになり、円が貨幣として流通するようになったのである。

現地住民の主な仕事は当初、アンガウル島のリン鉱石の採掘に出稼ぎをする以外は、コプラを作って売ることだった。日本の貿易商、とくに南貿に雇われたミクロネシア人は、コプラの輸出を増やすために補助金をもらって森を切り開き、耕し、椰子の木を植えた。コプラは、多くの住民たちにとって現金収入のための最初の道となった。

自給自足から近代的消費生活への変化

こうしてパラオ人たちは、働いて現金を稼ぎ、消費するという近代的な消費社会に組み入れられた。それ以前は自給自足であったが、衣食住には困らない生活だった。だが、食べる物も住環境も変わり、洋服も身につけるようになると、現金収入を得ることが生活をするうえで重要になってきた。

しかし、さまざまな商店や会社が営まれ、貿易が盛んになっても、金を稼げる仕事の多くは日本からの移民のものであり、現地の人々が雇われることは少なかった。

チエコさんはこう話す。

「パラオにはチーフ（酋長）がいました。パラオ人が取った椰子の実のコプラとか高瀬貝をチーフが買うんです。それをチーフが仲買人に売るんです。仲買人は朝鮮の人や沖縄の人がやっていました。

コプラは化粧品の油に、高瀬貝はワイシャツのボタンの原料になります。個人から仲買人が買うのではなくて、部落単位で仲買人が部落のチーフから買って、お金を渡します。それで、チーフがこの家はいくら、この家はいくらというように渡していましたから、もめることもなくて仲良くやっていました」

コプラの採取は家族単位で行われていた。家族のうち若い者が椰子の木に登り、その実を下に落とす。椰子の実の皮をむき、半分に割って中身を取り出し、四、五日間天日干しして完全に乾かして、袋に詰めるまでの作業を家族総出で行った。これが、島の人々の一番身近な現金収入を得る方法だった。

家族が輪になって庭に座り、歌を歌いながら作業をしていたそうだ。一袋に二百個詰めると、だいたい百キロになる。それを仲買人に渡す。そのコプラを部落単位で仲買人が集め、南貿に売り渡した。そして、重さに応じて受け取った現金を部落のチーフに払い、チーフが現金を各家族に配った。仲買人は、南貿とパラオ人の間をつなぐ重要な役割を果たしていた。たいていの場合、自分で店を持ち、南貿の商品を売ってもいたので、近代的で裕福な生活をしていたようだ。

コプラ以外の方法で現金収入を得ようにも、一般のパラオ人には技術も資本もなかった。昔から家族がその日に食べる分だけ浅瀬で泳いでいる魚を捕れば充分だったから、遠洋漁業をする必要もなく、当然そのための技術もなかった。

芋や果物は簡単に栽培できたし、どこにでもあったため、パラオ人の間では農業の技術も育たず、せいぜい椰子の木を増やす程度のことしかできなかった。そのため遠洋漁業や農業といった産業は、ほとんど日本からの移民に取られてしまった。

日本人の農協の仕事をしたパラオ人

それでも、コプラ生産以外の仕事を見つけたパラオ人もいた。

日本が統治した段階で、すでに大人だったパラオの人たちは、学校に行く機会もなかったので、片言の日本語しかわからなかった。それでも庭先で果物や魚を売ったりして、日本人相手に商売をしていた者もいたのだという。タナカさんが言う。

「コロールにいる人たちは、隣に日本人たちがいたりすれば、魚を捕りに行って、自分で食べる分以外の余ったものは日本人に売ることができました。

庭にあるバナナも、店を出さなくても、房を切って『買ってください』と言えば、日本人がたくさんいたから、みんな買ってくれました。だから経済的には困らなかった。

コプラの他にはタピオカがありました。日本の会社が農場を作って、パラオ人を雇ってタピオカの栽培をしていました。日本人が農場を用意して、パラオ人は栽培の仕事だけをした。パラオ人で大きな農場を持っていた人はいません。タピオカででんぷんを作りました。でんぷんを作るための工場もありました。それも日本の会社です」

貴子さんは、こんな話をしてくれた。

「日本の会社も忙しくなってくると、離島から働き手を連れて来て使っていました。ヤップの人とかソンソロル（南方の離島）とかです。荷役とかに使っていました。

大きな船から荷物降ろして、小さいポンポン船みたいなのに載せて荷物だけ引っ張って来ます。それが波止場に着いて、船から降ろして運ぶために、必要な人夫を離島から連れて来ました。たーくさんいました。

ソンソロルの人かどうかは見ればすぐわかりました。ふんどししてましたから。耳にこーんなに長ーい耳飾りぶら下げてる女の人もいました。その人たちは自分たちの小屋で共同生活をして、みんな荷役の仕事をしていました。戦後になってソンソロルに引き揚げました」

日本人に雇われてあれこれ教わるうちに知識を得て、野菜や果物を栽培するようになったパラオ人も多い。南洋庁の協力もあって、日本移民の農業組合に参加したパラオ人もいた。彼らは栽培した野菜や果物をコロール市の商店街に運んで売っていた。

コロール市では、少人数だが自営業を営む者も現れるようになった。パン屋、魚屋、床屋、食堂などを経営したのだ。広い土地を持っていた者は、日本人に土地を貸すことで、思いがけない高収入を得るようにもなった。船や車を買った者もいたほどだ。

こうして多くのパラオ人は、働くことで得た現金を持ってデパートへ行き、今まで見たこともない日本の商品を買い、新しい生活を楽しむようになったのだ。

空前の経済的繁栄

一九三〇年代になると、日本政府はミクロネシアの発展のための援助に一層力を入れた。一九三〇年代後半になると、日中戦争の影響で、繊維類やタンニンなどの原材料が必要になった。それを作るための人材も必要になったことで、ミクロネシアは大きく経済発展することになる。日本への輸出も大きく伸び、収入も大幅に増加した。

その後、日本から兵隊たちがやって来るようになると、道路や飛行場の建設という仕事も増えた。こうしてミクロネシアはさらに経済的な繁栄を迎えることになる。その繁栄は現地の人々に、未だかつて経験したことのない、豊かな生活をもたらした。

前述の通り、パリ講和会議でミクロネシアにおいては自由貿易への制限が加えられていた。そのためミクロネシアと日本の二国間の関係のみが密接になり、日本との輸出入は毎年増加していった。

これによって、南貿は業績を拡大していく。大正時代後半になると、同社は三十二の支店を開くまでに至る。さらに、各地に大小デパート式売店を開業。開戦前には支店、分店、出張所を合わせて四十店を越えるまでに成長した。ナイフ、器、鍋、ランプ、布、ゴムサンダル、缶詰などの日本からの輸入品を売り出した。これらの品物で日々の生活は大きく変化した。

椰子の木は、ミクロネシアのどの島でも栽培できた。だから、南貿の社員は、政府の役人ですら足を踏み入れたことのない小さな島にも小船を漕いで出向き、コプラの作り方や椰子の木の植林を指導した。商売だけでなく、情報の提供をしたり、現地の人が困った時の相談相手もしていた。

コプラをはじめとする現地の産物と、日本から運んだ商品を交換するのも、南貿の社員の仕事だった。小さな店を開き、日本のさまざまな商品を並べた。

店の裏にはたいてい倉庫があり、島の人々が作ったコプラを集め、南貿の船が来るまで保管した。船が着くと、その島で必要となりそうな道具や食料品を降ろし、倉庫に保管していたコプラや、島によってはナマコや亀の甲羅なども船に積んだ。

日本移民が多く移住するようになってからは、デパートに並ぶ日本製品の種類も増えた。コロール市に建てられた大規模な百貨店の入り口には、タイル張りの支柱が並んだ。内側のガラスケースには味噌、醤油、米、砂糖、小麦粉、お茶、豆腐、昆布、調味料、菓子類、タバコ、布、時計、タオル、鍋、灯油ランプ、ミシン、釣り道具、文房具、アクセサリー、人形、金属製品、食器類などがぎっしりと並んでいた。

貴子さんはデパートの事も良く覚えていた。

「コロールのデパートに行けば何でもありました。お茶から缶詰から、ない物はないくらい何でもありました。特に島民に人気があって良く食べたのが、魚の缶詰でした。調理しなくても、缶を開ければすぐに食べられましたから」

ちょっと浅瀬に出ただけでも簡単に魚が捕れる。それでも、人間一度楽することを覚えると、なかなか元には戻れないもののようだ。私が滞在中、島の人たちが食べる物と言えば、ほとんど肉と白いご飯だった。肉はアメリカから冷凍輸入した肉。米はカリフォルニア米で、どこの家にも炊飯器がある。野菜はほとんど食べない。戦後、食生活はすっかりアメリカナイズされてしまったようだ。

「南貿」の事業拡大

南貿は、貿易の他にもさまざまな事業を展開していた。

運送業のために作った子会社、南洋貿易汽船は、各島の間を結ぶ船を就航させ、人と荷物を運ぶための定期航路を設けて、すべての離島に船が行き来できるように努力した。ミクロネシア海域だけでなく、南太平洋の諸島にも不定期航路を就航。インドネシアのセレベス島やオランダ領の東インドまで手を広げて貿易を行っていた。

南洋貿易汽船の代理店は四十以上。汽艇五十一隻、給水船六隻、大型船が岸辺に着けない時に使うはしけ船百五十隻、陸揚げした荷物を波止場から内陸部へ運ぶオート三輪車五十台、クレーン五台、貨物自動車五十九台、荷物を保管するための倉庫を七十四棟も所有していた。

他に島の人々の交通手段としてバス会社も運営し、パラオの狭いガタガタ道を運行していた。

ミクロネシアに多く残されていた未開の土地の開拓のための拓殖業にも進出した。全島で総面積七千余町歩（北海道の八割強）という莫大な広さを開拓し、椰子園を経営した。植え付けた椰子の木は七十万本。椰子の木からコイルを作るためのコイル工場も経営した。椰子園の他に黄麻、サツマイモ、サトウキビ、陸稲、綿花、野菜などの農園を持ち、栽培もしていた。

カツオ節やマグロ節を作るための南洋カツオ節株式会社を作り、水産業にも進出。漁船の数を増やし、現地の工場で生産したカツオ節は日本で販売していた。カツオ節の他に、カツオの冷凍、加工、缶詰事業まで展開していた。

油脂工業にも進出し、横浜の工場でミクロネシアから輸入したコプラを絞って椰子油を作っていた。

南貿の会社設立時に八千円だった資本金が、二十一年後の日本占領時の大正三年（一九一四）になると五十万円となり、前身の一屋商会を含めると設立後五十周年になる昭和十七年（一九四二）には一千万円に膨れあがった。日本統治時代の三十年間だけを見ても二十倍となるから、どのような発展をしたかがうかがえる。

巨大企業「南興」の発展

南貿が貿易・交通業・漁業を中心にしていたのに対して、主に製糖業や鉱業を行ったのが、南洋興発株式会社である。通称「南興」と呼ばれたこの会社は、日本統治時代になってからの開業だった。南貿ほど長い歴史はないが、こちらも二十年間で資本金三百万円から四千万円にまで拡大するという驚くべき発展を遂げた。もともとはサトウキビ栽培をサイパンで展開するために作られたが、昭和六年（一九三一）にはオランダ領ニューギニアに進出。昭和九年（一九三四）頃からはさまざまな事業に着手。パラオに南洋石油会社、南興水産株式会社を設立し、南洋のカツオ漁業、カツオ節製造にも乗り出す。その他、製氷業、缶詰業、リン鉱業、澱粉製造、ゴム農園等々にも手を出した。

さらに、真珠貝採取事業を目的とした海洋殖産株式会社をパラオに設立。ポルトガル領チモール島での農園経営、貨物運輸事業、土木建設を目的とした南方産業株式会社、日本真珠株式会社までパラオに設立した。パラオのコロール市で倉庫業、物品販売業も開始。フィリピンでの林業を目的とした会社を作った。

昭和十五年（一九四〇）には、中国の海南島で米作・タバコ・雑酒醸造などの事業に着手。黄麻事業を目的とした南洋特殊繊維会社を設立。ポンペイ島にも無水酒精工場設立など多くの事業を拡大し、巨額な利益を上げるようになった。

このように、南興はオランダ領ニューギニアに進出したのを皮切りに、海外にも異業種にも手を広げ、大きく発展した。

海外に開設された事業所か出張所は、グアム、ジャワ、マニラ、海南、チモール（インドネシア）、ラバウル（パプア・ニューギニア）、マカッサル（インドネシア）、メナド（インドネシア）、アンボン（インドネシア）、ギルバート（現キリバス共和国の一部）、東部ニューギニア、ボルネオ、ハルマヘラ（インドネシア）、ニューアイルランド（パプア・ニューギニア）にまで及んだ（参考：『南洋貿易五十年史』）。

沖縄県からの移民がカツオ漁に大活躍

先にも触れたが、現地の人たちは自給自足のためにしか漁業を行っていなかった。そのため、手つかずの資源豊富な巨大な海が広がっていた。ミクロネシアの海には二千種類もの魚が住んでいた。マグロ、カツオ、サバ、ニシン、イワシ、スズキ、タイ、ボラなどなんでもいた。船で珊瑚礁の近くまで行き、簡単な釣り道具さえあれば、大きな魚でない限り、なんでも釣れた。

この海洋資源の豊富さに目をつけた南洋庁は、パラオに水産試験場を建て、海の性質や海産物を調査研究し、漁船や漁獲のために必要な施設や道具の購入に助成金を出し、漁業に力を入れることにした。

海洋資源の豊富さが広まるにつれて、日本の漁師や漁業会社がミクロネシアの海に入るようになり、一九三〇年代前半からは毎年漁獲量が増え続けた。

漁業は大規模な施設は必要とせず、個人でも仲間を集めてエンジン付の船と網さえあれば、魚は捕れる。そこで、遠洋漁業の技術も経験も豊富な漁師たちが沖縄県からたくさんミクロネシアに来るようになった。彼らのノウハウが現地の漁業やカツオ節製造に大きく貢献したのは間違いない。

捕れた魚は地元の市場でも売っていたが、もっとも商品になったのはカツオである。多くはカツオ節となり日本に輸出された。カツオは腐りやすい。そのため、腐る前に頭を切り落とし、ハラワタを取り除いてきれいに洗い、それを茹でて骨を取り除いて形を切り揃え、木のように硬くなるまで炭で数週間燻す。商品として輸出するまでには、大変な労力と時間を要した。だから、魚が陸揚げされたらすぐに仕事に取りかかれるよう、波止場で船が着くのを待ち、親戚や家族たちも皆カツオ節作りに参加した。

チエコさんが当時を思い出して次のように話してくれた。

「マラカル港に三十パイもカツオ船がありました。カツオ船に乗るのは沖縄の人です。旦那さんはカツオ船に乗るから、奥さんがカツオをさばきます。カツオのワタを取って、頭をはずして、骨も取ります。カツオ節に出来ない部分を、頭に乗せて売り歩いていました。糸満のおばちゃんたちです。それを糸満カツオと呼んでいました。カツオの心臓ばかりを貯めて、それも売りに来ました。私は心臓を刺身にしてレモン醤油で食べるのが好きでした。

私がバスガイドをやっていた頃は、雨の降っている日なんかに、よく沖縄の子どもたちがマンゴーの木の下で雨宿りしていました。そんな時はかわいそうだから、ただで乗せてあげたものです。すると翌日にはその子たちが、お礼にカツオを一本ずつ持って来てくれました。カツオでバスの中がいっぱいになった時もありました。それくらいカツオが豊富に捕れて、盛んに食べられていました」

倉田さんもカツオが大好物だったようで、こんな話をしてくれた。

「カツオのハラワタはいらない部分ですけど、もったいないから安く売っていました。塩をふって焼いて食べるととても美味しい。朝日村とか大和村とか清水村とかの農民たちは、山の中だから魚を捕って食べることは出来ません。だからカツオのハラワタを一斗缶でたくさん買うんです。それを焼いて子どもが学校へ行く時のお弁当のおかずにする。お弁当と言えば、誰もがカツオのハラワタばかりでした。

魚はカツオだけじゃなくて、自分たちでも捕りに行きました。それは小さい魚です。マラカルに沖縄人の集落があって、そこではパラオ人と沖縄人が並んで暮らしていました。そういうところでは子どもが学校から帰って来ると、一緒にモリを持って海辺へ行って遊ぶんですよ。石をそっとどかすと、魚が隠れていますから、簡単に捕れました。魚だけじゃなくて、赤貝とかも捕れました。それがまた美味しかった」

当時の沖縄の人たちと現地の人との交流が目に浮かぶようだ。二人がまるで昨日のことのように楽しく話す様子からは、当時の島の暮らしが彼らにとって本当に幸せだったことが伝わってきた。

ミクロネシアから日本への輸出額は、大正十五年（一九二六）から十年間で四、五倍に増えた。日本移民たちは、米・味噌・醤油など日常の食料品やさまざまな種類の缶詰、食器などの日用品も日本の製品を購入していた。その十年間に日本からの輸入額は約六倍にもなった。

ダイバー景気

漁業でカツオ節の他に発展したものに、白蝶貝、高瀬貝、真珠貝などの採取と養殖事業がある。真珠貝については、「パラオの浅瀬に二枚貝を吊るしてできる真珠は大きくて光沢も良い」と評判だった。だが、その後、オーストラリア近くのアラフラ海の真珠はもっと大きいことがわかり、多くのダイバーたちがパラオを基点としてアラフラ海で真珠採りに従事した。中尾さんは当時をこう語った。

「そういう真珠採りのことを『真珠ダイバー』と呼んでいました。今のダイバーは魚を見るために海に潜りますが、昔は真珠採りをするために海に潜ったんですよ。こんな歌がありました。

♪ダイバー船に乗りゃー、北はマリアーナ、南はポンペイ♪

日本真珠という会社が、養殖真珠じゃなくて天然の真珠を扱っていました。オーストラリアとニューギニアの間のアラフラ海に真珠を採りに行ったんです。昭和十年（一九三五）頃です。

オーストラリアの真珠会社に雇われていた日本人もいました。私のすぐ上の兄さんの嫁さんのおじさんも真珠貝採りに行って、海底に深く潜って潜水病になりました。体中に斑点ができて大変な病気です。そこで骨を埋めた人もたくさんいました。潜水病は怖い病気です。今のダイバーがなるのはたいしたことないです。真珠ダイバーはもっと深いところに潜るから命懸けです。

ダイバー船はみんなパラオを基点にしてここから出ていきました。それでいい金儲けになる。コロールに戻った時、酒場で大酒飲んだり、うまい物食ったり、金使い荒いから、旅館が繁盛していました」

白蝶貝、高瀬貝は、ボタン用としても需要があったため、いい値段で取引された。ダイバーは危険を伴うが、高収入が得られる仕事だった。だから毎年、貝を採る時期になると千人を超すダイバーたちがアラフラ海に潜り、冬になると長くて危険の多い仕事からパラオに戻って来る。

町の中心部にはたくさんの旅館が並び、レストランや娯楽施設も多くあった。ダイバーたちは儲けたお金をばら撒くように使った。そのため、コロール市では、料理店やカフェなど新しく開店する店も増えていった。昭和十一年（一九三六）頃に全盛期を迎えたこの好景気を現地では「ダイバー景気」と呼んだ。

レストランは毎晩予約でいっぱい。旅館もホテルも満員だった。バー、カフェ、芸者ハウス、売春宿も大繁盛。三味線の奏でる音、騒々しい笑い声、歌や手を叩くリズミカルな音……、風のないコロール湾は毎晩毎晩ダイバーたちによって賑わっていた。

白蝶貝、高瀬貝採りのダイバーたちも、毎年決まって貝採取の時期になると、短期滞在者だったが、日本の本土から金儲けのチャンスを求めてやって来た。サイパンからも多くの労働者がダイバーとしてパラオに押し寄せた。

このようなミクロネシアの繁栄ぶりが評判になると、日本からの観光客も訪れるようになった。一九三〇年代後半になると旅行ブームも起きたほどだ。値段がそう高くない旅館も多く建てられるようになり、経済発展に弾みをつけた。太平洋戦争の直前ではあったが、まだ多くの人にとって戦争は身近なものではなかった。日本の冬の寒さを逃れて南洋の暖かさを楽しもうとする日本人が多くいたのである。

第五章　経済が発展し、日本人が増え続けた

第五章　経済が発展し、日本人が増え続けた

増え続ける日本人

日本ではミクロネシアを占領する以前から「日本の人口は将来的に無限に増え続ける」と考える学者が多く、その対策は大きな政治的課題でもあった。

明治以降、ハワイやカリフォルニアといった、アメリカの領地への移住の道が開かれていたが、大正十三年（一九二四）にアメリカ領への移住が禁止されてしまう。ブラジルなど南米はあまりに遠い。満州や朝鮮はそれぞれの土地ですでに人口が急増しているため、大量の移民を受け入れる余裕はなかった。

そこで日本政府は計画的に移民のための開拓地を用意し、ミクロネシアへの移住を奨励することにした。何と言っても、日本の占領地であるから、外国に移住するよりは手続きが容易だ。こうしてミクロネシアの人口は急増していった。

もっとも、最終的に日本政府が狙っていた入植地は、ミクロネシアよりも中東アジアやフィリピンといった、広大な土地を持つ国々だった。あくまでもミクロネシアは、そのための第一歩という位置付けである。

すでに述べたようにミクロネシアにとっては、本格的に移民を送り込まれたのは、これが初めてだった。スペイン時代とドイツ時代には、少人数の役人や宣教師、貿易商人たちがいただけだった。ドイツ時代から貿易を目的とした日本人が増えてはいたものの、それでも大正三年（一九一四）の第一次世界大戦の開戦時では、船の乗組員や貿易商人などが七十〜八十人いる程度にすぎなかった。

しかしその後、日本統治時代になってから日本からの移民は急増する。大正四年（一九一五）には二百二十人、大正九年（一九二〇）には三千七百人。

パラオに南洋庁が設立された大正十一年（一九二二）以降は、五年ごとに倍増していったといってもいいだろう。昭和五年（一九三〇）には約二万人、昭和十年（一九三五）には約五万人、昭和十五年（一九四〇）までには七万七千人に膨れ上がり、第二次世界大戦の終戦時の昭和二十年（一九四五）には十万人にまで達していたと推定される。

職を求めて移住した日本人たち

移民になったのはどういう人たちだったのだろうか。

一九二〇年代当時は戦後不況で日本の経済状態が悪かったこともあり、日本の製糖会社がサトウキビ栽培のために移民を募集した。すると、多くの希望者が集まり、サイパン、テニアン、ロタを含むマリアナ方面へと向かった。それが最初の移民の波となった。

サイパンの移民といえば、「バンザイクリフ」を思い出す方もいることだろう。太平洋戦争末期になると、アメリカ軍に捕らえられるのを避けようとした日本移民が崖から海に飛び込み自決したのだ。多いときで一日に七十人以上もの日本移民が自決したといわれるが、これはかなり後になっての話である。

大正十四年（一九二五）には、マリアナに五千人もの日本移民が住むようになり、十年後の昭和十年（一九三五）までには四万人の移住者が生活し、開墾などをしていた。

ジャングルだった土地を開拓し、害虫の被害と戦いながら開墾したのである。現地での生活は苦しいものだった。苦労を重ねた末にようやく生活が安定すると彼らは家族を呼び寄せるようになった。

移民たちの働きのかいあって、島にはサトウキビ畑が広がり、椰子農園も広がるようになった。収穫したサトウキビを製糖工場へ運ぶための貨車と線路が整備されていた。多くの日本人が働き、町にはさまざまな商店や旅館が並び、多くの人々が行き交う賑やかな町だった。移民は太平洋戦争が始まるまで増え続けた。

サイパンからパラオへ渡った日本移民たちも多くいた。

南洋庁が置かれる以前のパラオ諸島は、木と草に囲まれたガランとした島だったそうだ。本島と呼ばれていたバベルダオブ島は、ミクロネシアではポンペイ島と一、二を争う大きな島だが、日本人が開拓する以前は未開のジャングルだった。当初はほとんど草や椰子の木でおおわれた島で、村人たちの集落が点在する程度だった。大正十三年（一九二四）、日本政府はバベルダオブ島を入植者用の開拓地とし、日本からの農業移民を受け入れる計画を立てた。移民に一家族あたり五町歩ずつ（東京ドーム約一個分）の土地を与え、開墾させた。

これら移民が住む村には新たに日本名がつけられた。現地のガルミスカン植民地が朝日村に、ガルドック植民地は清水村、アイライ植民地は瑞穂村、ガバドール植民地は大和村にと名前を変えた。朝日村は北海道旭川出身者、清水村は静岡県出身者が多かったという。

応募条件は厳しかった。世帯主は二十歳から二十五歳までという年齢制限があり、剛健で健康で決断力がある人物で、パラオまでの旅費は自己負担。一年間分の家族全員の生活費があることが条件。そのため、希望者がなかなか集まらなかったようだ。宣伝も充分されなかったため、希望する農家は少なかった。

入植先となった土地は、地質が貧弱な湿地帯でワニが住んでいた。日本移民の一人だった中尾さんの話。

「僕は子どもの時、親に連れられてバベルダオブに来ました。かつてガルドックと言われていた清水村です。

ガルドック沼にはワニがたくさんいました。エンスイ（塩水）ワニという水かきのないワニです。

初め入植した時、日本から二十六円くらい持って来ましたけど、お金がなくなって生活が大変でした。南洋庁の農林課が何をどれだけ植えてるかって、例えばパイナップルがどれだけ、野菜がどれだけって作付面積を調べに来ます。それによってお金を前貸ししてくれました。パイナップルは一年に二回なるから、その収穫を見越して、その分を貸してくれました。

ここには農協がありました。南洋庁が農協と協力して、お金貸したり払ったりしていました。入植は日本政府の援助も何もいっさいありませんでした。それでも、みんな大志を抱いてやって来たんです。うちなんかもそうでした」

たいした道具もなく、最初は家といってもトタン板を木に立て掛けただけのような簡素な住居。それでも日本人は、一生懸命に家らしきものを建て、畑を耕した。誰も住みたがらないような土地を懸命に耕していたのだ。その姿を見て、地元の人たちはびっくり仰天。気の毒に思って食料を提供したり、手伝ったりしたという。

ようやく田畑らしいものが出来て、野菜などの栽培も始まったところへ、大きな台風が来て大打撃を受けたこともあった。なんとか野菜を生産できても、売るために市場まで運ぶのが困難だったりと、苦労が続いた。

コロール市にある市場まで比較的近いとされる瑞穂村でさえ、水路で二十キロほどあった。小船で川を四十分ほど下り、さらに発動機船で一時間かかった。そうした多くの困難が続いたため、日本に帰国した家族も多かった。

入植者村の状況

日本政府のバベルダオブ植民地への移民計画は、一九三〇年代の段階では充分に志願者が集まらずうまくいっていなかった。

その後、北海道出身で、フィリピンでパイナップル栽培をしていたという人が家族を連れてやってきて、パイナップル栽培を始めた。それが軌道に乗ると、日本国内の不況がひどくなるにつれて移住者は増え、パイナップル工場が建てられた。南興、南洋拓殖などと契約した家族もやって来るようになった。

缶詰工場やアルミニウム工場も建設され、数年後には移住者が急増。店や町役場、診療所、学校が建てられた。作物をコロール市や日本に向けて運搬出来るよう、桟橋や波止場も建設された。

最初の入植から十五年後、八戸だった朝日村は九十七戸、瑞穂村で六十九戸、清水村で百一戸、大和村に三十一戸となり、計二百九十八戸に増加した。人口にして千六百七十一名。もっとも、この数字は収容見込み戸数の四割程度。入植者数はパラオの人口の八パーセントにすぎず、南洋庁が計画した「自給自足を目的とした小規模農家の移住」は、計画通りにはいかなかった。

しかし、会社と契約した農家が、パイナップルやタピオカ栽培を目的として移住するようになり、再度人口の増加をみた。政府募集の移民数より会社契約での移民数が多かったのは、募集条件の違いにあった。

たとえば南興では、移住者を募集する際に、汽車、汽船の運賃、移住後に必要な住宅建築費や、耕作に必要な道具などに要する費用、生活費に至るまで前貸しする制度があった。二、三年でこれを返済し、相当の財産を作った人もいたという。

当時の入植者村の様子について、トミオさんは、こんな話をしてくれた。

「僕のいた朝日村には日本人、沖縄人、朝鮮人がいました。少人数ですがチャモロもいました（チャモロ族はスペイン時代にマリアナ諸島から連れて来られた民族。原住民であったカナカ族とスペイン人との混血と言われ、主にグアムなどのマリアナ諸島に住んでいる。カナカ族と比べると教養もあり、また生活レベルも高かったため、政府の仕事をはじめ役人の身の回りの仕事はチャモロにやらせていた。パラオにおけるチャモロ人口は約三パーセント。戦後はマリアナに全員送り返された）。

日本人は畑で野菜を作っていました。大根、菜っ葉、キュウリ、パイナップル。お米も作りました。でも、お米は大東亜戦争が始まるとうまく出来なくなりました。だから野菜だけ売ったりしていました。サツマイモとかいろんなものを船に載せて、コロールにあった市場に売りに行きました。

市場へ持って行くと、八百屋がありました。そこでお金に換えました。日本人も沖縄の人も朝鮮の人も、同じように話していました。同じように扱っていました。島民も同じでした。私は差別はなかったと思います。沖縄の人も朝鮮の人もです。でもねー、島民は給料は安かったです。月十五円しかもらっていませんでした。仕事は決まった仕事じゃなくて、いろんな仕事をしていました。野菜を作ったり、土を掘ったり、泥を作ったり、そういう仕事でした。道路を作ったりもしました。それからボーキサイトの仕事もしました。アルモノグイとガラスマオの人たちは、アルミニウム工場ができましたから、そこで働いていました」

同じく朝日村生まれというルルさんからの話。

「北海道の人ばっかり住んでいました。農業してねー。みんな日本人です。沖縄の人は、そこには住んではいませんでした。沖縄の人は島民の住んでいる部落で、マングローブを切って、薪を作ったり、炭を作ったりしていました。

沖縄の人は、日本人と違いませんでした。仕事と言葉が違うだけです。沖縄の人どうしだったら沖縄語を使うけれど、私らが行くと日本語使って。朝鮮人もほとんどパラオにいた朝鮮人は日本語ばっかり使っていました。

パラオの人も沖縄の人も日本の人も、ご飯作るのにカマドでみんな薪を使う。だから薪は作ればよく売れていました。それは日本の人がしない仕事です。薪作りとか炭焼きとかをするのは、沖縄の人と朝鮮の人でした。

島民には売るものがありません。だから自分たちで食べるものだけを作ります。タピオカを植えたり、サツマイモを植えたり、バナナを植えたり。タロイモとか水芋とかも植えました。イモにも四種類か五種類あります。それを自分たちで食べるだけの仕事をやっていました。

日本人はめったに肉は食べませんでした。ニワトリも食べません。誰かお客が来ると豚肉を食べます。ほとんど豚肉でした。ニワトリの卵は食べていましたけど。沖縄の人がとっても大きな豚小屋で豚をたくさん飼っていました。それでたまに豚を殺して、コロールの町中を売りまわっていました。

沖縄の人も日本の人も豚を飼っていて、子豚が欲しいっていう時、そこへ持って行って、豚小屋へ放して増やすんです。だから豚はよく売れていました。日本の人も沖縄の人も朝鮮の人もパラオの人も、特別な時でも、ふだんのご飯のおかずにも豚が一番。

牛肉食べるようになったのはアメリカになってからです。牛肉は全然食べませんでした。馬も牛もいましたけど、殺しません。朝日村、清水村で車を馬が引いていました。野菜とか重いものを運ぶのに使っていました。力仕事に使っていました」

沖縄県人のお父さんの手伝いをよくしたというフミエさんは、こんな話をしてくれた。

「私は清水村の山の方に住んでいました。お父さんは山で切った材木をコロールへ売りに行きました。ボートみたいな小さな船に材木を載せて、帆を立てて二日間。夜も昼も漕ぎながら、ゆっくりゆっくりコロールまで来るの。コロールに着いたら材木売って、買い物して、また船で家まで帰ります。夜は暗いからどこがどこだかわかりません。だけどお父さんは空を見上げて、星を見て船を漕いでいました。

大工仕事のある時は大工をしていました。大工仕事のない時はお金にならないので、材木を作って売るわけです。その後も仕事のない時は炭焼きをしました。木炭です。マングローブの木を焼いて炭を作るんです。満月の日には満ち潮になるから、大きないかだを運んで、それに木を載せて運ぶんです。私は学校から帰ると、その木の皮をむく手伝いをしました。炭にする前に皮をむきます。それをお父さんが作ったかまどにぶち込んで、そのかまどがいっぱいになったら火をつける。そして一週間。その火が下の方まで燃えるように見張ります。それがお父さんの最後の仕事でした。それから太平洋戦争が始まりましたから」

フミエさんはお父さんが大好きだったが、その後まもなく亡くなったそうだ。

これらの話から、現地では日本人、沖縄県人、朝鮮人と、それにパラオ人も皆仕事や生活は違っても、仲良く暮らしていた様子がうかがえる。

家族同伴の移住へ

初期の頃の移民の多くはあくまでも出稼ぎという意識で、稼いだ賃金を家族に仕送りする目的で来る人が多くを占めていた。しかし、次第にそれも変わってくる。

大正九年（一九二〇）頃は、男性と女性の数は五対一の割合だった。だが、現地での仕事や生活が安定すると家族を呼び寄せる者がでてきた。また、状況がわかるようになって、最初から家族連れで移民する者も増えてきた。そのため、昭和十年（一九三五）の男女比は三対二にまでなっていた。そうなると当然、現地で出産する人も増えてくる。昭和十二年（一九三七）を見ると、パラオで生まれた新生児四百九十七人の内、パラオ人百五十九人、日本人三百三十八人と日本人が上回っている。

中尾さんがこんな話をしてくれた。

「うちのお母さんは清水村で産婆さんしていました。朝鮮人も沖縄の人も、うちのお母さんの手にかからん奴はなかった。うちの一番上の姉は十人産んだけど、みんなうちのお母さんが取り上げた。沖縄の人、朝鮮の人の子も、何百人と取り上げました。

お母さんはいつも汚いカバンを持っていました。アルコール、布巾、へその緒縛る麻ひもをいつもそのカバンに入れていました。

医者みたいにしていました。一人しか医者がおりませんでしたから、出産に間に合いません。だからうちのお母さんがみんな取り上げました。逆子の時は、ひっくり返して出したりしていました。すごいお母さんでした。

『中尾のばあさんに取り上げられたら、間違いない』って言われていました。提灯持ってよく送って行ったもんですよ。酒が好きだったから帰りに一杯呼ばれるんですよ。だから帰りが遅い時は私が提灯つけて、よく迎えに行ったもんです」

こうして子どもが増えてくると、学校が必要になってくる。昭和八年（一九三三）から昭和十七年（一九四二）までの間に、小学校の他に日本人児童のための実業学校、高等女学校、中学校などが設立された。現地で教育を受けられるようになったことも、日本からの移住を後押しする要因となった。

不況が移民を後押しした

日本の会社も南洋庁も、生活習慣や言語の違いを理由に、パラオ人よりも日本人を多く雇ったため、移民は仕事を容易に得られた。一方で、大正十二年（一九二三）の関東大震災と、それに続く世界恐慌の影響によって、本国では経済不況が続いていた。失業者があふれ、東北地方で不作が続いたこともあって、地方からの移民が多かったようだ。

当時のことを、貴子さんはこう話す。

「あの頃は日本がとっても不景気でした。私が生まれた大正十四年（一九二五）には、失業者やあまり裕福でない人がたーくさんいました。そういう人たちがパラオに移民で来ました。北海道の開拓移民、それから沖縄県から。そういう人たちが日本で高等科ぐらいまで行って、卒業してからここに来て働いていました。日本の会社がたくさんありましたから」

経済的な理由の他に、「南洋」という言葉の響きも良かったようだ。日本では政府の計画を後押しするように、南洋ブームが起きていた。ロマンチックなイメージから、雑誌で取り上げられたり、経験談が語られたりすることが増えた。南洋で大金持ちになって日本へ帰ったという話が出たり、ゆかりの漫画や歌も流行した。一度も行ったことがないのに、現地の話をロマンチックに書く者まで現れたほどである。その影響で、南洋に憧れ、夢を求めて渡った人も少なくなかった。

経済専門家の中には「満州に移民として渡るより南洋の方が衣服にも家屋にもお金がかからない。海も陸も資源が豊富なため、食べることにも困らないし、将来的にも有望だ」という説を述べる者もいた。こうしてますます移民は増え、経済の成長と共に人も物もあふれ、繁栄の時代を迎えることとなった。

出身地別に多い順に見ると、沖縄県、福島県、東京府（主に小笠原と八丈島）、鹿児島県（主に奄美大島）、朝鮮、山形県、北海道、静岡県、福岡県、和歌山県、熊本県となる。少ない人数も含めれば、だいたい日本全国から移民として渡っていた。

沖縄県人のコミュニティが膨張したコロール

これら移民のうち七割はパラオの中で最も良い港に恵まれていたコロールに住んでいた。特に沖縄県人が多かった。カツオやマグロが大量に漁獲できることがわかってからは、政府はコロールの漁業への補助金政策を実施した。そのため、漁業を目的とした移民が急増し、人口増加に拍車をかけた。コロールに製氷工場ができたことも、漁獲高の増加に再度拍車をかけた。カツオ節工場が完成したことで労働力が必要になり、そのために沖縄県から漁師たちが多く来た。沖縄県人のコミュニティは膨張し、漁師以外にも多くの沖縄県人が来るようになった。

人が増えることで、建築ブームが起きた。コロールの成長に伴い、水産試験場、熱帯生物研究所、熱帯産業研究所、南洋神社など、必要な政府の建物も建てられた。人々の住む家は、舗装された道にコンクリートの土台で作られ、排水設備も完備された。小さい村だったコロール市は、活気あふれる植民地の町へと発展したのだ。

一九三〇年以降は、商売上必要な建物の需要に供給が間に合わない状況が続いた。この人口増加に伴い、新しく家屋、病院、寮、旅館、学校、商店などが次々に建てられた。デパート、映画館、レストラン、野球場、それに遊郭までもがあった。ルルさんがその当時の遊郭の話をしてくれた。

「女の人が身体売る売春。女郎屋とかレストランとか、コロールの芸者通りに三十軒ほどありました。そういうところにパラオの人は絶対に入れません。パラオの人はそれでも良かったんです。沖縄の人が行く店は『床の屋』。他の日本人は『鶴の屋』。朝鮮人たちは朝鮮人のための女郎屋がありました」

まだ子どもだったルルさんにも、女郎屋へ入る男たちの姿は印象に残っていたようだ。

第六章　パラオ人は日本人になっていった

同じ教室で日本文化を学ぶ

ミクロネシアにおけるスペイン、ドイツ時代の教育は、ほとんどがキリスト教の宣教師によるものだった。たいていは教会に隣接した校舎で、希望する子どもは勉強することが出来た。

日本がミクロネシアを占領した大正三年（一九一四）当初はそういったミッションスクールの開校を許可していた。だが、数ヶ月後には、それに代わって海軍が教室を用意して教えるようになる。占領から早い時期は、チューク、サイパン、ポンペイや他の島々の防備隊支社の兵隊や、島々を出入りしていた貿易会社の社員たちが、何百人もの島の子どもたちを相手に、毎朝太陽の下で算数、地理、日本語、天皇崇拝などを初めとした道徳を教えていた。ポンペイでは、南貿の支店長・関根仙太郎も駆り出され、支店長と教師を兼務することになった。

島の子どもたちにとっては、ドイツ時代には経験したことのない新しい文明との遭遇だ。すべてが新鮮に感じられたに違いない。

その後、本職の教師も送られてきて、学校も次々と建設された。占領一年後には小学校規則が制定され、四年制の小学校ができ、八歳から十二歳までの児童が通うこととなる。

教育の第一の目的は「現地住民の幸福、健康、および衛生の増進」と強調され、具体的には日本語教育と道徳教育に重点が置かれた。忠誠心や目上の人には従うべし、といった日本での教育と同じような内容を教え込む内容となった。

お辞儀・君が代・教育勅語

日本人もパラオ人も平等であることが強調され、教室も同じ、教科書も本土と同じものが使用された。授業内容は、修身、国語、地理、算術、理科、工作、図画、音楽、体操、歴史で、これも本土とほぼ同じだった。

日本からの移民の子も現地の子も一緒に同じ教室で学び、遊ぶことが、現地の子どもたちを日本に同化させることに役立つと考えられたからだ。歴史の時間に天皇崇拝、忠誠心、勇敢な日本人などについて学んだ生徒たちは、毎朝日本の皇居の方向に向かってお辞儀をし、君が代を歌い、紀元節、天長節、お正月には教育勅語を読んだ。

占領から四年後には、大きい島に小学校の本校が九校、小さい島には分校が十一校も建てられた。大きな島での教育は義務教育とし、小さな島では酋長によって選ばれた子どもが、学校のある島の親戚や友人の家に下宿して学校に通った。

その頃はまだ日本からの移民の子どもの数は少なかったので、現地の子どもの教育に重点が置かれ、日本の子どもも現地の子どもも一緒に机を並べ仲良く学び、仲良く遊んでいた。父親が校長をしていたというヤップ島の高橋さんは言う。

「親父からは、島民の子どもたちと私たち日本人と差別はつけないようにと、非常に厳しく注意されました。だからうちのお袋は、僕も僕の友達も同じように扱っていました。スペインの時代もドイツの時代も、島民を家の中に招き入れることは決してなかったのに、日本人は家の中に入れてくれました。家の中に簡単に入れてくれたことに島民は感激しました。

文化が進んでいるものが来て、統治するのは差別とは感じていません。島民にとって

公学校の授業風景（『南洋群島写真帖　昔の micronesia』より）

はそれが当たり前の事です。だから差別という感覚はまったくなかった。

日本人は最初から教えてやる、指導してやるという気持ちでここに来ています。島民とは生徒と先生のような関係だったのではないかと思います」

高橋さんは退職後、故郷のヤップ島に帰り、何十年振りかで幼なじみと会って、今はその孫たちに日本語を教えている。高橋さんの生き生きとした表情からは現在の良好な人間関係がうかがえ、そこからも日本統治時代の雰囲気を感じられた。

朝礼と国旗の掲揚も

小学校の校舎の前方は日本のように広い運動場になっていて、朝礼も行われた。

朝礼では生徒たちは一列に並んでラジオ体操をしたり、国旗の掲揚をしたり、先生の話を聞いたりする。これもまた日本の小学校と同じだ。

その頃の教師（もしくは校長）は、校内では唯一の日本人だった。一クラス五十人から八十人ほどの生徒たち全員に対し、その教師が一人で全教科教えていた。また、教師は、先生であると同時に医者や警察官のような役目も果たしていた。時には村人の相談に乗ることもあり、村長のような仕事までもしていた。真面目で教育熱心で、面倒見の良い先生が多かったため、役人とはいえ、村人から親しまれ、尊敬され、特別な存在だったようだ。八十七歳のヤップ人、ガロンさんはこう証言する。

「先生たちには、日本の子どももヤップの子どもも、同じように扱いたいということがありました。どっちも日本人にしたいという感じがあった。

朝礼では、日本に向かってお辞儀しました。カレンダーには紀元節、天長節、お正月とかちゃんと書いてあった。その日が来ると、日本の日の丸の旗を揚げて式をしました。それが終わると、パン二個ずつ子どもたちに配って村に帰した。紅白の丸い小さなパンだった。日本人と同じように扱ってくれていた」

ガロンさんは戦後、たくさんいる日本人の友達を訪ねて八回も日本に遊びに行ったという。日本統治時代のことになると、遠くに目をやりながら、なつかしそうに話してくれる様子が印象的だった。

「運動会とか遠足とか楽しかった。学校に行っている頃は楽しかった。ここから学校まで一里半くらいあります。子どもの足で二時間。授業時間は八時からだから朝六時前にうちを出ました。

ここからカヌーでも行った。カヌーの方が速いけど風や潮が関係してくるから難しい。三年生の時に、学校の近くの日本人の家庭に手伝いに入って、下宿しました。飯炊きとか掃除とかした。大工さんの家でした。一緒に暮らした。学校が終わるまでそこで暮らしました」

片道二時間、往復だと四時間も歩くのは大変だったろうが、それでも日本人の友達と遊ぶのは楽しかったようだ。「戦後になって、昔のやり方がみんな滅びてしまった。どうしたら人間の幸せが手に入るかわからなくなった」とポツリと呟いた。帰り際には私に「良く来てくれた」と何度も名残惜しそうに言ってくれた。

パラオの子は島民学校へ

前章で述べた通り、占領後日本からの移民は急増する。そのため現地の子どものみを対象にして授業を進めることが難しくなってきた。

日本人は当然日本語を話すし、他の科目についても学力が上だったからだ。そこで、大正七年（一九一八）、日本人の増加を理由に小学校規則を廃止し、島民学校規則を実施。「国語ヲ常用スル児童」と「国語ヲ常用セザル児童」を区別して、日本移民の児童は小学校へ、現地住民の児童は島民学校へと分けることにした。

現地住民を日本からの移民と同じように教育するのは不可能だ。被植民者としての教育をすべきだ、日本語教育にもっと重点を置き他の教科については日本移民の児童と同レベルの教育は必要ない、という考えがもとにあった。

島民学校は、三年制の本科とその上の二年制の補習科ができた。教科は以前とほとんど変わらないが、歴史、地理、理科の三教科が排除された。

政府は「教育こそが現地住民を従順な忠誠心のある人間に育てるための手段」と考え、この時点から道徳と日本語教育に焦点を当てる教育に切り替え、さらに高等教育への制限も加え、現地住民に対する教育法を大幅に改正した。

学校規則では「島民学校ハ島民ノ児童ニ皇恩ヲ感受セシメ国語ヲ教エ」とあるのに対し、「尋常小学校ハ児童身体ノ発育ニ留意シテ道徳教育及ビ国民教育ノ基礎」と書かれていた。「皇恩」は島民児童にだけ施すものとなったのだ。日本移民の児童のための小学校は六年制になり、基本的には本国の小学校と同じとし、日本移民の児童だけに高等小学校への道が開かれた。

表向きは天皇崇拝教育排除

大正十一年（一九二二）に公学校規則が制定され、島民学校は「公学校」へと改名された。その前年に国際連盟に提出された最初の報告書によると、最も大きな改正点は天皇崇拝教育を排除することとされ、学校規則にあった「皇恩」の言葉が排除されている。

これは大正八年（一九一九）、パリ講和会議によってミクロネシアが国際連盟の監視下に置かれるようになったことと関係している。本国でも台湾や朝鮮でも同じように皇民化が進められていた時期だから、ミクロネシアだけ排除するとは考えられないのだが、それでも表向き、天皇崇拝教育を排除するとしたのは、「日本は一等国であることを国際連盟に訴える必要がある」という外交上の理由からだと考えられる。

大正十二年（一九二三）には公学校規則を改正し、基本的な教育の目的は、生活改善のために必要な知識と技術の向上と体力づくりとされた。日本語教育に何よりも重点を置き、授業のほぼ半分は日本語の授業となった。ただし、いったん排除された歴史、地理、理科の三教科は、必要と判断されて戻された。

一九三〇年代までに二十四校の公学校が設立され、ミクロネシアの子どもの約半数が学校に通った。パラオではほぼ百パーセントの子どもが通った。

公学校では、正直さ、勤勉さ、従順さといった教育に重きが置かれ、実際に役に立つような実践教育が中心だった。リーダーシップを発揮する人材を育てるような教育ではなく、家事手伝いや事務といった、補佐的な仕事ができる程度の能力を習得させるレベルのものだった。パラオ人は、卒業後に運良く就職できても、事務職、通訳、家政婦、店員といった仕事がほとんどで、かなり優秀な生徒でも、村の巡警になるくらいだった。

トミオさんがこんな話をしてくれた。

「日本人はパラオ人になんとかして仕事をさせようとしたけれど、教育の程度が低かったんです。だから程度の低い仕事しかできなかった。僕らは上には行けなかった。マネジャーとかスーパーバイザーとかになる事なんか夢にも思えない。どうしても日本人が上に、僕らが下になる仕事ばかりでした」

また、日本語もひらがなとカタカナの教育が中心であり、習う漢字の数にも限りがあった。話すことは出来ても、読み書きが自由に出来るまでには至らなかった。公学校三年間だけで卒業しても、日本人と接する機会が少なければ、日本語を使うこともなかった。また、補習科に進んでも、日本人のように漢字を使って書けるまでにはならなかったのだ。

日本への留学を援助

もっと勉強したいと思っても、現地住民は高等教育を受けられなかったのか。中には、勉学熱心で向上心もあり、外国や日本に留学を希望する者もいた。実はそういう者には、留学先での宿泊所や保護人を斡旋し、援助する方針も取られていた。大正八年（一九一九）、東京青山師範学校付属小学校の三年の編入試験に合格した、サイパンのチャモロ族の青年が留学生第一号となった。漢字の学習に大変苦労しながらも、卒業して大学予科に入学したのだが、翌年には家庭の事情で帰島せざるを得なくなった。

その後も、留学希望者は増加するようになり、その都度便宜を図り、安心して勉強ができるよう支援した。毎年数名の希望者を留学させ、大正九年（一九二〇）から昭和十年（一九三五）までの十五年間に、百三十九名が内地である日本の小学校や中学校へ留学した。小学校はほとんどの留学生が卒業できたが、中学校は学力的に卒業するまでに至らず、一、二年で退学する者が多かったようだ。

しかし、そうした留学経験者は帰島後、学業の成果に関係なく、有識者として活躍することになる。戦後も、ミクロネシアで指導的立場に立って活躍した者は、日本への留学経験者が多かった。

日本人になると信じていたパラオ人

さて、さきほど天皇崇拝教育はなくなった、と述べた。少なくとも国際連盟への報告書にはそのように書いてある。が、これはあくまでも建前であった。

タナカさんは父親が日本人で、母親がパラオ人の男性。役所に結婚届を出さない限り、日本人扱いにはならないため、そういう立場のパラオ人の多くは公学校へ通った。

タナカさんはこう振り返る。

「天皇は生きた神様だ。そういう教えがありました。だから毎朝学校に集まって、宮城に向かって下の方向いて頭を下げて、『天皇陛下バンザイ』『私たちは天皇陛下の赤子であります。私は立派な日本人になります』って言っていました。

時が来たら日本人になると思っていた。あのまま太平洋戦争がなければ自分は日本人になると思っていました」

アンガウル島出身のフローレンスさんの話。

「日本の国歌も歌いました。天皇のことは教えてもらいました。王様か神様のような人だと思っていました。公学校へは三年間行っただけです。戦争が始まりましたから。その頃は『私は立派な日本人になりました』という過去形に変わりました。日本政府は私たちパラオ人に、日本人だと思い込ませたかったのだと思います。でも、私たちのことを『トーミン』と呼んでいた」

貴子さんはこう証言する。

「公学校へ行ったパラオ人の方が、現地の日本人より日本人らしい教育を受けていたかもしれません。私たち日本人の行く小学校にも、天皇陛下の御真影が飾ってあって毎朝朝礼で、宮城に向かって最敬礼というのをしました。

でも、公学校のように『私は立派な日本人になります』なんてしませんでした。それはパラオ人に日本人教育を体の中まで染み込ませるためにしたのだと思います。

それでもパラオ人は日本人を尊敬していました。努力さえすれば日本の学校に行かせてくれました。行った人も何人かいます。

留学じゃなくても観光団といって、何日間か日本に滞在して、あちこち観光して見て回る事もしました。体の芯まで日本人にしようとしたんです。それでも日本の戸籍がもらえたわけではありませんし、戦争になった時も日本の軍隊に入れたわけでもありません。それでも日本人が来たおかげで物も知識も入って来ましたから、だから昔は良かったとなるんです」

タナカさんの話も同様だ。

「小学校も公学校も『私は天皇の赤子です』とやっていました。『お前は日本人だ』と言われ、日本人、日本人という教育を受けていた。

太平洋戦争が始まって、シンガポールを陥落させたというと、パラオ人も日本人も、一緒に提灯行列しました。パラオ神社（南洋神社のこと）が出来た時も一緒にお祝いしました。

もし戦争がなくて日本の時代がずーっと続いていたら、自然に日本人になっていたと思います。パラオは日本国になって、日本の言葉を使って、日本人もパラオ人も混ざり合って、みんな一緒になって日本になっていた。

特別に日本になるというのではなくて、だんだんとみんな混ざって同じになっていたと思います。言葉も日本語しゃべって。今でも日本人だと思っているパラオ人もいます」

貴子さんが言う。

「現地の人と日本人は学校が別々でした。それでも、パラオで日本の教育が成功したのは、日本人の先生の質が良かったからだと思います。

日本人の学校で官庁の子どもは、道を歩く時なんかえばっていました。『島民臭い、近寄るな』なんて言っていました。島民は差別されたけど、それでも日本人を尊敬していました。日本人は偉いって。もちろん日本の政策も良かったんです。日本人を憎んでいた人は誰もいません。

あの頃のパラオ人はまじめで良く働いていました。いよいよ戦争が始まってからも、パラオ人は『天皇陛下バンザイと言って死ぬんだ』と言ってました。実際、『天皇陛下バンザイ』と言って死んだ人もいます。そのくらいもう徹底していました。だから他の植民地に比べたら、パラオは日本の植民地政策としては成功したと思います。戦後になっても日本人のような人がたくさんいました」

以前、日本の兵隊でも実際に死ぬときは、「『天皇陛下バンザイ』とは言わない。みんな『おかあさーん』と言って死ぬ」という話を聞いたことがある。当時のパラオ人の方が日本人以上に日本人化していたのかもしれないと思った。

教科書の中身

ミクロネシアの学校で使われていた教科書は、日本統治時代を通して三回改訂されている。最初は臨時南洋群島防備隊司令部で編纂したもので、一学年で一冊、一年生用から四年生用までの四巻が作られた。大正六年（一九一七）三月から南洋庁時代（一九二二—一九四五）に入って四年目の大正十四年（一九二五）まで八年間使われた。

その間、小学校→島民学校→公学校と名称が変更され、その都度教育制度も変わったが、同じ教科書が使用されていたことになる。南洋庁時代に入っても、表向きは天皇崇拝教育を排除したにもかかわらず、同じ教科書が使われた。編纂を依頼された芦田恵之助も、その点については南洋庁から何ら説明を受けていなかった。

地理、算数、理科、歴史、道徳などの科目もこの一冊に織り込まれ、地理であれば世界地図や奈良の話、理科なら雲や雨や動物の話という具合に一冊で学習した。一年生はカタカナ、二年生になるとカタカナに漢字が加わり、三年生になるとひらがなが加わり、漢字の数も増える。補習科ともなると、漢字の数が急に増える。

大正六年（一九一七）の初版で特徴的なのは、修身・道徳の中に日本人になることや天皇陛下への恩といったものが強調されていることだ。

二年生用の教科書の例を紹介する。

第一次　大正六年編纂　小学校二年用　一課「キュウジョウ」

コレワ　キュウジョウ　ノ　エ　デ　ゴザイマス。キュウジョウ　ニワ　テンノウヘイカ　ガ　オイデニ　ナリマス。テンノウヘイカ　ワ　イキタ　カミサマ　デ　ゴザイマス。ワタクシドモ　ヲ　カワイガッテ　クダサイマス。コノ　アリガタイ　テンノウヘイカ　ノ　ゴオン　ヲ　ワスレテ　ワ　ナリマセン。

第一次　大正六年編纂　小学校二年用　五課「ガッコウ」

ワタクシ　ワ　ガッコウ　ガ　イチバン　スキデス。マイニチ　イロイロ　ヨイ　コト　ヲ　オシエテ　イタダキ　マス。コクゴ　ヲ　ナラッタリ、サンジュツ　ヲ　ナラッタリ　オモシロイ　ショウカ　ヤ　ユウギ　ヲ　オボエタリ、タメニナル　オギョウギ　ヲ　オボエタリ　シマス。センセイ　ノ　オシエ　ヲ　マモッテ、イッショウケンメイ　ニ、ベンキョウ　スレバ、ハヤク　ヨイ　ニホンジン　ニ　ナルコト　ガ　デキマス。コレモ　ミンナ、アリガタイ　テンノウヘイカ　ノ　オカゲ　デ　ゴザイマス。コノ　アリガタイ　ゴオン　ヲ　ワスレ　テワ　ナリマセン。

大正十四年（一九二五）から本科の一・二・三年生用が、昭和二年（一九二七）からは補習科の一・二年生用ができて、新しい教科書を使用することになった。編纂は朝鮮でも教科書編纂をした前述の芦田恵之助。教師用に用意された教授書が大正十五年（一九二六）に出版され、「キュウジョウ」については次のように説明されている。

「宮城は東京にあって、天皇陛下、皇后陛下のおすまいになる所です。二重橋の外にいって、静かに宮城を拝すると、『何事のおわしますかは知らねども』と、皇太神宮の前で、西行の詠んだという歌のごとく、『かたじけなさに涙こぼるゝ』感が胸一ぱいになります。この感のみは日本民族特有のものかとも思います。

南洋群島の児童にこの感をにわかに養成しようとしても、それは不可能の事かも知れませんが、まず天皇皇后両陛下のまします所を教え、宮城に対して国民の持っている尊敬をしらせ、年とともにその風に化せしむるように仕向けなければなりません。南洋群島の内地観光団は、東京につくと、第一に宮城を拝することになっています。内地各地の東京観光団も、多くこの順序になっているようです。近来小学児童には特に宮城拝観の許されるようになりまして、親しく宮城に接し、皇室尊崇の念をかためています」

教室ではパラオ語禁止

昭和三年（一九二八）に公学校規則が改正されたこともあって、教科書を大幅に改訂することになり、マルキョク公学校長・岩崎俊春によって編纂された。

この時から教科書は一学年で二冊となり、本科三年間で六冊。一年生は五十四ページであったのが、三年生も後半になると百八ページにまで増え、三年間で五百六ページ。

新しく習う漢字の数も、一年生の最初の教科書には十字だったものが少しずつ増え、三年生後半だけで百七十一字登場し、三年間で四百八十三字を学習した。また、カタカナ表記よりひらがな表記が際立って増えた。ここにいくつか内容を紹介したい。修身や道徳の時間にはあいさつの仕方や天皇を敬う話が度々登場する。

第三次　昭和七年編纂　三巻　本科二年生用　五課「天長節」

　四月　二十九日　ハ　天長節　デス。コノ　日　ハ、天皇　ヘイカ　ノ　オウマレニ　ナッタ、オメデタイ　日　デス。キュウチュウ　デハ　サカン　ナオイワイ　ガ　アリ、レンペイジョウ　デハ　カンペイシキ　ガ　アリマス。コノ　日　ハ　ドコ　ノ　イエ　デモ　日ノ丸　ノ　ハタ　ヲ　タテマスシ、ガッコウ　ヤ　ヤクショ　デハ　オイワイ　ノ　シキ　ヲ　シマス。天皇　ヘイカ　ハ　日本　デ　一バン　トウトイ　オカタ　デ、私ドモ　ヲ　ワガ子　ノ　ヨウ　ニ　カワイガッテ　下サイマス。

時計の読み方も理科の教科としてこの国語読本の中に組み入れられている。

第三次　昭和七年編纂　四巻　本科二年生用　四課「とけい」

皆さん は とけい の 見方 を 知って います か。 皆さん は とけい に 書いて ある 字 が よめます か。とけい の 長い はり と 短い はり は、どちら が 早く まわります か。とけい が なる 時 には、長い はり は、どこ に あります か。皆さん が 朝 起きる 時 には、短い はり が どの 字 の 所 を さして います か。皆さん が 夜 ねる 時 には、短い はり が どの 字 の 所 に あります か。一日 の 中 には、何時間 ある と 思います か。あなた 方 が 学校 に いる のは 何時間 です か。

これだけの日本語の学習を一年間で六十課勉強するのは、かなり大変だっただろう。牛若丸、花咲かじじい、浦島太郎、天の川、桃太郎、天照大神といった日本の昔話も度々登場していた（参考：宮脇弘幸監修『南洋群島國語讀本』）。

フローレンスさんが言う。

「教室ではパラオ語を話すことを許されていませんでした。一年生だけは、まだ始めたばかりだという理由でパラオ語を話してもよかったんです。二年生になってからもパラオ語を話す子どもはいました。すると物差しか棒で叩かれました。私は一度もそんな目にあったことはありません。でも、棒で叩かれている子を見たことはあります」

うまく読めない生徒は、先生に「さぼるな」と怒られたり、定規で叩かれたりしたようだ。叩くといっても手を軽く叩く程度で、現地の生徒たちは「先生が生徒に覚えてもらいたいから叩いた」と理解しているようだった。

練習生制度

特徴的なのは補習科に進んだあとに「練習生」となるという制度だ。補習科になると授業はだいたい午後二時に終わり、放課後は日本人の家庭へ行った。二時間半ほど日本人家庭で練習生として家事手伝いをしながら、日本語と家事などの実践的な学習をしていたのだ。トミオさんは言う。

「政府の仕事をしている人とか、学校の先生とか、沖縄のビジネスマンの大きな家があって、そこに練習生として、家に行って給仕のような仕事をしました。庭を掃いたり、家の掃除をしたり。家の中の仕事はほとんど女の子でした。男の子は庭とか店の手伝いが多かった。

そこで日本語をどんどん覚えさせて、日本人の生活の仕方も教えた。日本人の奥さんたちも、自分の子どもと同じように扱った。練習生は待遇がとってもいい。お菓子とお金もらった。一ヶ月に一円五十銭もらって、そのうち一円は郵便局で貯金通帳つくってもらい、先生が毎月積立ててくれた。残りの五十銭はうちへ持って帰った。五年終わって卒業する時まとめて貯金通帳をもらった。当時五十銭あればシャツ買って、お菓子買って、いろんな物が買えました。卒業した人はお金があった。だから日本時代は良かったってなるわけです」

パラオの郵便局（『南洋群島写真帖　昔の micronesia』より）

練習生たちは自然と日本式の生活を学ぶことができたようだ。フジオさんの話。

「日本人のうちは竹を編んだ床でした。そんな家に住んだことありませんでしたから、掃くのも下手だし、窓をきれいにするのもわかりません。そういうことを練習生の時、奥さんが教えてくれました。それから洗濯物が乾いたらたたみました。そのたたみ方も飯炊きも風呂焚きもみんな奥さんから教えてもらった」

いわば、実習生としてアルバイトをしながら、生きた日本語を学ぶという制度である。この練習生の体験には良い印象を持つ人が多い。チエコさんもこう証言する。

「生徒にはおやつを出さなきゃならなかったんです。学校の方からおやつも出して下さいっていわれていました。帰る時もまた少しお菓子とかつつんで渡しました。それは気持ちでね。実際はくれるところとくれないところとあったみたいですけど」

帰るときはお菓子よりおにぎりを持たせてくれる事の方が多かった。中にはおにぎりにお味噌をつけて七輪で焼いて、それを持たせてくれた奥さんもいたようだ。お腹を空かして帰る道々、もらったおにぎりを頬ばって帰る、子どもたちの姿が目に浮かぶ。

ルルさんも思い出話をしてくれた。

「私が練習生の時に通っていた日本人の家の奥さんはとてもいい人でした。だんなさんは南洋庁商工課長の偉い人でした。高等官でした。

学生で練習生として通っていましたけど、卒業してからも二年ばかりずーっと勤めていました。奥さんは体が弱くて、家事に手が回らないから、私に卒業してからも来てほしいって。いい人でした。息子が二人いました。学校行く時、私が傘をさして、自分にカッパつけて連れて行ったり、子どもの世話もしたりしていました。日本に引き揚げる時、奥さんは私の仕事の事も心配してくれて、私が新聞社で働きたいと言ったら、だんなさんに頼んで、新聞社で働くように手配してくれました。

大きくなってアメリカ時代になって、パラオにその子どもたちが来ました。奥さんはパラオに来るだけの体力がないからと、子どもたちだけで来ました。私の住所と名前を書いて役所の人たちに調べてもらいなさいって。そして私の働いていた新聞社に訪ねてきてくれました。その頃、私は結婚していました。

その子どもたちに、私の家族、主人や子どもたちもみんな会わせました。嬉しかったー。嬉しくて胸がいっぱいでした。そのくらい人間関係が良かったんです」

彼女は昔を思い出して、しばらく泣いていた。そうした濃厚な付き合いが、当時の日本人と島の人たちとの間に築かれていたのだと、私は思った。

木工・大工・農業の技術を教えた日本人

大正十五年（一九二六）、コロール市に大工と木工技術を学ぶ南洋庁木工徒弟養成所が建てられた。公学校補習科卒業後、優秀な生徒はここへ進むことができた。各支庁の担当地域から毎年二、三名という狭き門だった。

修業年数は二年だったが、卒業後も学習を希望する者は一年以内の研究生として在学することができた。授業料は無料。学用品、実習用具、材料費も支給（あるいは貸与）され、寄宿舎や食料も無料で提供された。

昭和十五年（一九四〇）までには授業内容も充実した。建築に必要な数学や設計の他、建築材料、工具、鉄鋼、車の整備、電気技術も科目に加わる。学校のレベルの高さには定評があった。日本からの移住者の増加とともに、家屋ばかりでなく、会社、工場、倉庫といった建築が必要になるに従い、建築ブームが起きた。卒業生は引っ張りだこで、大工の技術は大変重宝された。

その後、第二次世界大戦が始まり、爆弾で多くの建物が破壊された。戦後に日本人の大工など技術者が皆引き揚げてしまった後、卒業生たちは戦争で破壊された家々を建て直すために大活躍することとなる。

ミッションスクール

ミクロネシアの宗教学校は、日本が占領してからしばらくは開校されていたが、教育制度が制定されてからは、ほとんどが閉鎖された。しかし、正式に委任統治領となってからは「現地住民の教育上必要である」と認められ、再度開校することとなった。

大正九年（一九二〇）、政府は南洋伝道団を組織して補助金を交付し、ポンペイとチュークに各二名の日本人宣教師を派遣した。スペインとドイツからも宣教師が来島するようになり布教活動を行った。学校数も十三校に増え、現地の子どもたちを対象に教育した。公学校に通わない児童には午前中、通っている児童には午後教えるなどといったやり方だったようだ。

伝統を重んじるヤップ島にはなかったが、他の支庁のある島には宗教学校があり、昭和十年（一九三五）の時点で千二百名余りが学んでいた。

そのポンペイに派遣された二名の日本人宣教師は田中金蔵夫妻だ。その娘の栄子さんが手記を残している。

「私の母、田中春江は昭和七年（一九三二）、念願のポナペ女子実家塾を創設した。ここは島民で公学校を卒業した女子を入学させた。年齢は十二歳くらいから十八歳くらいまでまちまちで、ほとんど島々の有力なキリスト教信者の子女であった。女子実家塾は花嫁学校のようなものであって、なるべく文化的に衛生的に家事を行うよう指導した。（中略）

塾の授業料というものは別になかったが、生徒は食費として初めのうちは各自自分の家の屋敷内で採れたカープという大芋やパンの実などを持ってきて（中略）ポナペ島の貿易や産業が日本人によって日毎に隆盛になってくるにしたがって、各自の家ではコプラ製造がさかんになり、それで得たお金で食費を持って来る生徒がだんだん増してきた。その頃から、お金でお米を買ったり、南洋興発会社のカツオ陸揚げ場が、教会のボートハウスのすぐそばにできたので、大きなカツオを買いに行ったものだ」（田中栄子『優しいまなざし』）

生活向上のための講習会

子どもたちへのさまざまな教育とは別に、大人に対しても各種講習会を開き、衣食住及び耕作や手工芸の方法を教えた。

ミクロネシア人は、もともと衣食住に不自由のない環境にいた。そのため、積極的に新しいことを学習する意欲に欠けていた。そこで、身近な住居の改善や、現金収入を得ることによって、より生活が快適に過ごせるようになるのに役立つ内容が中心となった。

たとえば、木工および木挽講習会だ。非衛生的な島民家屋の改善には大人たちの教育が急務とされ、ヤップ島、パラオ諸島、チューク諸島で行われた。部落改善講習会は衣食住に亘り、衛生面も含めて生活上の知識を広めるために行われた。手工芸講習会は帽子など身に着ける物の製作や、材料の加工の仕方、鍛冶工講習会は簡易な金物の製作方法など、島ごとに現地で必要と思われる内容に沿って、さまざまな講習会が開かれた。

その他、パラオでは大正五年（一九一六）から二種の講習会が開かれた。一つは農事、園芸、畜産の三科目を六ヶ月の期間学ぶ農事講習会で、各期間約二十名を定員とし、毎年約四十名が講習を受けた。もう一つは造家（建築）と家具製作の職工を養成する工業講習会で、定員は六名。期間は一年間とした。

どちらも村長が推薦した中から選抜され、修了した者は村へ帰り、講習会で学んだことを普及させるなど、重要な役割を果たした。

青年団も中年団も作られた

青年団も日本の指導で作られた。この存在も現地住民たちにとって重要なものとなった。昭和三年（一九二八）、初めて各島や村単位で青年団が作られ、公学校職員か日本人有志が指導に当たった。

もっとも、パラオのような伝統的なメンズハウス（アバイ＝男子の集会所）のある島では、もともと青年団に近いグループがあり、年齢に応じて青年団、中年団、老年団といったグループが男女ともに存在していた。そのため、実質的にはほとんど同じメンバーで、呼び名が「青年団」と変わっただけだった。

パラオには十九の青年団があったが、そのうち三つは青年と呼ぶにはいささか年のいった人たちを集めたもので「中年団」と名づけられた。五つは日本人による青年団だった。なかには団員数が四百十七名という大人数の「コロール公学校下青年団」もあり、コロール、バベルダオブ、ペリリュー、アンガウルの各島に支部を設置していた。

昭和十年（一九三五）には、パラオだけでも男子青年団員数六百九十七名、女子青年団員数四百四十名に上った。その後も日本移民の増加に伴い、青年団のメンバーも増加したと思われる。

青年団は、青少年の心身を鍛錬し、明朗快活な精神の育成のために運動会を開き、野球やテニスといった体育を奨励した。毎年十一月三日はミクロネシア一斉に「体育デー」を実施して、遠足、登山、水上陸上競技会を行った。映画館では盛んに日本の映画が上映され、映画を通しても日本のことをたくさん学んだ。

四方拝（一月一日に行われる宮廷行事）、紀元節、天長節、明治節の四つの祝日（四大節）を利用して、公学校職員、支庁職員、駐在巡査らの指導の下で各村に国体観念を養成した。

大正十四年（一九二五）、パラオではコロール市にクラブを組織し、各種の運動および娯楽団体を併合統一して、テニス部、撞球（ビリヤード）部、囲碁部、社会部、弓道部、謡曲部などを設け、趣味の向上と親和を図った。

その他、各諸島の主要地には、景色が良く公園にふさわしい土地を選び、公園を設置した。パラオの日本統治時代を経験した人たちにとって、パラオ公園はよく遊んだ場所として今でも懐かしく思い出されている。

毎年日本へ観光旅行

大人たちを実際に日本に招くこともあった。大正四年(一九一五)、つまり占領の翌年から夏に毎年、現地の人々を観光団として日本に送っている。

観光団の定員数は、各支庁から各回五名以内とされた。大酋長(大村長や村長、島の有力者)またはその妻や子どもが対象で、健康であることが条件だった。定員以外に家族を伴うこともでき、昭和十年(一九三五)までの二十年間で、六百名近くが参加した。一番人数の多い時は大正七年(一九一八)で、八十八名が一度に参加した。さぞやにぎやかな観光旅行だったことだろう。

国内に二十日間程度滞在し、主要都市を見て回った。各島を船でまわり、観光団参加者を乗せるとサイパンに行き、五日後には横浜着。それから電車で東京に行き、十日ばかり見学した。見学先は明治神宮、靖国神社、銀座の三越デパート等々。二重橋の前で最敬礼をして宮城を拝し、皇居では万歳三唱をするといった旅程だ。

石鹸製造工場では、自分たちが作るコプラが日本に輸出され、石鹸になる過程も見学した。コースには、ポンペイに初上陸した松岡静雄の自宅訪問も含まれていた。松岡自身も観光団の訪問を楽しみにしていたようだ。

観光団が新宿御苑前で撮った記念写真（『Nan'yō』より）

東京見物が終わると、汽車で途中富士山を眺めながら、京都へ向かう。京都では御所に行き、その他三日間見物して、次は四日間の大阪見物。その間一日、伊勢神宮に行き、その後は横浜に戻り、船でサイパンから各島へ帰るという旅程だった。

こうした旅行中の小遣いと衣服は自分で用意するが、移動に伴う費用や宿泊料、食費はすべて官費でまかなわれた。パラオとヤップからの参加者に限り、日本到着時に一人につき洋服二着と靴を一足支給された。

服や靴の着用を常としない者たちに着用を説得するには、このような機会しかなかったのだ。慣れない靴や服を着せられて、さぞ窮屈な思いをしたに違いない。髪の毛も短く角切りにされた。合わない靴を履かされた人は、歩くことが苦痛だったという。

旅行も終わり、ミクロネシアの我が家に帰った時は、スーツ姿の紳士となって出迎えられた。当時撮られた観光団の写真を見ると、全員白いスーツ姿に靴も帽子も着用し、いかにも紳士といったいでたちだ。

日本からの帰りを出迎えた家族は、すっかり紳士と化した家族を見て、どんな反応をしたのだろうか。私はその時の光景を想像するとおかしくなった。

こうした政府主催の観光団で行くのは、一人一回と決められていたが、経済的に恵まれていた人は、日本人の友達と一緒に行ったり、戦後は日本に引き揚げた友達に会いに行ったりしている。政府主催の内地観光団は、大人のパラオ人が日本を知るうえで大いに寄与したと言えるだろう。

日本移民の子どもには高等教育を

現地の日本人の子どもへの教育についても触れておこう。日本がミクロネシア領域を占領した翌年三月の時点では、日本移民の数は男三百六十二名、女十一名。ほとんどの移民が出稼ぎで来ていた。そのうちの二百十二名は、パラオのアンガウル島、リン鉱山の出稼ぎ労働者だった。

全体を見ても就学児童はほとんどおらず、三年後の大正七年（一九一八）でさえ、チユークとサイパンにそれぞれ一名ずつ就学希望者がいただけだった。

その翌年には、今後の日本移民の増加を見込んで、チュークに第一小学校、サイパンに第二小学校の二校が設置された。パラオでは、大正十年（一九二一）になって初めて小学校がコロール島民学校の校舎の一部に設置された。開校当時、児童は三名。翌年は十一名と少なかった。

出稼ぎが中心で、単身で来る男性が多かった時代から、家族を呼び寄せたり、家族を伴って来る時代に移ると、児童数も急増した。パラオ小学校を例にみると、開校当時三名だった児童数が、十四年後の昭和十年（一九三五）には三百三十名にまで増加した。その後から開校した清水村、瑞穂村、朝日村、アンガウル島、ペリリュー島それぞれの小学校の生徒数を合計すると、六百名を超えた。

小学生たちは、本国と同じように勤勉さ、従順さ、慎ましさ、親孝行、天皇への忠誠などを学んだ。日本人が受けた教育は、現地の子どものものよりも広く深いものであり、日本人としての誇りを持ち、若者の士気を高めるような内容だった。校舎の入口には、二宮金次郎の像が立てられていた。小学校を卒業すると、親戚を頼って日本の高等部へ進学するものも多かった。

第七章　島は激戦地になった

国家総動員法の影響

昭和八年（一九三三）、日本は国際連盟を脱退した。この時点で、委任統治領としてのミクロネシアの扱いが本国で議論になった。委任の主体は国際連盟である。脱退したということは、国際連盟側から「委任は無しにするから返せ」と言われても仕方がない。

しかし、すでに経済的価値ばかりでなく、国防上でも重要な地域である。実力で守るしかないというのが日本の立場だった。そのために海軍が島を守ることになった。ニューギニアやボルネオなどへ経済的あるいは政治的に進出するとなると、ミクロネシアは燃料の補給にも便利で、海軍の根拠地としても重要になると考えられていたのだ。

南洋庁長官が林寿夫になると、「南洋群島は預かった土地ではなく、帝国領土の一部として万事を進める」と方針を大きく変更した。昭和十年（一九三五）、林長官の下で

「南洋開発十年計画」が立てられ、委任統治領としてのミクロネシアから、日本の領土の一部としてのミクロネシアへと変わり、新しい方策が立てられた。国際連盟の一員でないのだから、もう世界に対して体裁を保つ必要がなくなったのだ。

昭和十三年（一九三八）に国家総動員法が発布されると、ミクロネシアに限らず、台湾や朝鮮でも現地住民に対する日本人の態度に変化が見られるようになった。とくに役人や軍人の変化は顕著だった。しかし、ミクロネシアを軍事的利用はしないとアメリカと約束を交わした手前、太平洋戦争開戦までは目立つような動きはなかった。開戦の前年、昭和十五年（一九四〇）には海軍がパラオに到着し、ペリリュー島の北にあるガドブス島に海軍が飛行訓練に用いる飛行場が建設された程度だった。

南洋貿易と南洋興発が合併

政府は太平洋戦争の準備のために飛行場を作ると共に、教育方針も変更した。さらに日本企業にも戦争への協力を依頼した。

太平洋戦争勃発の翌年の昭和十七年（一九四二）は、南貿設立五十周年だった。その年に官庁の要請によって南貿と南興の両社は合併することになった。合併に当たり、両社の立場を対等のものとすることで合意した。だが、社名は南洋興発株式会社とされたため、合併と同時に南洋貿易株式会社の名前は消えた。

当時の南貿の社長・郷隆氏は、次のように述べている。

「本社が南洋興発株式会社と心を同じくし、進んで合併に同意したのは、まさしく国家の大きな計画に加わろうとする、我が社の真心に外ならないのである。皇軍が英、蘭、米の掠奪的帝国主義の地盤を、南方より撃退したるは、征服者の束縛から、南方一億四千万の被征服民族を解放し、共存共栄、以って大東亜共栄圏の建設に協力せしめ、アジアをしてアジア人の亜細亜たらしめんとするためである。従って南方建設の事業は我が国策遂行の基調である（中略）南方建設を以って、事業の生命とする我が社が、戦後の南方建設の国策に加わろうとするのは、まさに国民当然の義務であると信ずる」（『南洋貿易五十年史』）

合併後も陸海軍から「大東亜共栄圏南方建設事業」と称する事業を受命していた。南洋船渠株式会社設立、大森製油工場の買収、南洋コーヒー株式会社の買収、フィリピンでマニラ醸造株式会社設立、オランダ領セレベスで東印度水産会社設立、芝浦の製酒工場の買収と規模を拡大していった。

南興の躍進振りは盛況を極め、砂糖、真珠貝にとどまらず、リン鉱石、綿花、黄麻、木材、ゴム、鉄、石油と、さまざまな資源開発を手がけた。

戦闘に巻き込まれた移民たち

昭和十九年(一九四四)二月、横浜油脂工場は海軍監督工場に指定された。同月、東条内閣の閣議決定によって、南興は軍の戦力増強と兵站食糧の確保のために協力するように命令が下った。四月には南興と軍との間で軍民協定が結ばれ、南興は会社の全機能を軍のために提供することになった。しかし、その南興自体も、二ヶ月後の六月にはアメリカ軍機動部隊の攻撃によって、マリアナにおける事業設備はすべて壊滅した。

翌七月、「サイパン島の在留邦人は終始軍に協力し、およそ戦い得る者は敢然戦闘に参加せよ」と発表された。在留邦人の大多数は、家族共々移民として渡り、農地を開拓し、苦労の末ようやく安定した生活を手にした南興の従業員と、その家族が占めていた。

その南興の従業員たちも、軍に徴用された。十六歳以上で軍籍のない男子も陸軍部隊に配置され、その家族も軍に協力し、戦闘に参加した。未開の土地を切り開き、サトウキビ畑を開墾し、苦労を重ねた人々が開戦と同時に召集され、戦闘に巻き込まれたのだ。

南興の社員とその家族だった日本移民たちは約二万人いたが、その約半数が戦争に巻き込まれて死亡したと推定される（参考：武村次郎『南興史：南洋興発株式会社興亡の記録』）。

パラオでも状況は同じだった。カツオ節工場やリン鉱山で働いていた日本移民たちは、軍に召集され、ペリリュー島やアンガウル島の戦闘で戦った。

基地建設を開始

パラオで本格的に基地が建設されるようになったのは、ギルバート諸島（現キリバス共和国）とマーシャル諸島がアメリカ軍の手に落ちた後、昭和十九年（一九四四）のことである。次はパラオ諸島が攻撃されるに違いないと思われたからだ。その時点ではパラオ諸島はまだ充分な防衛の準備はされていなかった。しかし、強力な軍隊が必要と判断され、満州にいた第十四師団にパラオへの移動命令が出された。

第十四師団は井上貞衛中将と共にコロール島に到着。司令部が置かれ、井上中将が指揮を執るようになったのは、昭和十九年（一九四四）四月のことである。その前月の三月にはすでにアメリカ軍の大空襲によって、リン鉱石の発掘事業を展開していたアンガウル島の発掘所は破壊され、機能を失い、事業を中止していた。

井上中将は差し迫る敵の攻撃に備えて、ペリリュー島には中川州男大佐を、アンガウル島には江口八郎大佐をそれぞれ隊長として任務に就かせ、歩兵部隊を送った。この時から、両島に基地を作り、戦闘準備が始まった。

島民は疎開、日本移民の婦女子は帰国

六月に入ってアメリカ軍はマリアナ諸島を攻撃。サイパンでは壮絶な玉砕戦が始まる。七月にはサイパン、翌八月にはグアム、テニアンと玉砕につぐ玉砕で、日本軍は惨敗を喫する。次はパラオにも危険がせまると判断された。パラオが攻撃された後は、フィリピンが取られる恐れもでてきた。

そこで日本の上層部は考えた。少しでも余分な砲弾や戦車があれば、フィリピンの防衛のために使いたい。従ってパラオに追加支援はしない。使える砲弾も船も飛行機も戦車も今あるだけ。もし、アメリカ軍が上陸し、陸上で激戦となってもこれ以上は支援できない。食料の補給船も海岸に近寄れないようになれば、通り過ぎるしかない。そうなれば食料の補給すら止めざるを得ない。あとは戦って死ぬ運命にあると。

この方針を聞いた井上中将は絶望的な状況に置かれたことを知る。そして井上は考え

た。パラオでは戦って死ぬしかないのだ。生きるという選択はない。どうせ死ぬなら思い切り戦おう。従来の水際作戦でマリアナ諸島はアメリカ軍にことごとくやられた。だから、パラオでは今までにない戦略で戦おう、と。

一方、アメリカ軍は、フィリピンを奪い返すために、パラオからの攻撃を避けたかった。そのためには前もってパラオを壊滅させる必要があったのだ。明治三十二年（一八九九）以来アメリカの植民地であったフィリピンは、開戦の翌年（一九四二）、日本軍に敗れて取られてしまっていた。パラオのペリリュー島とアンガウル島をさっさとやっつけて、フィリピンを奪い返したいと彼らは考えていた。

こうして七月になると断続的にパラオへの空襲が始まった。サイパンの戦闘で、多くの島民も在留邦人も民間人が尊い命を落とした。パラオでは何としてもそれを避けなければならない。そこで八月になって島民たちをバベルダオブ島に疎開させた。日本移民たち、特に婦女子は日本に帰らせたが、男子は戦闘員として召集した。

要塞づくりを開始

井上中将の作戦は、現地の地形をフルに活用しようというものだった。

ペリリュー島の面積はほぼ東京の豊島区と同じである。中央には丘陵があり、森林地帯となっている。アンガウル島はペリリュー島から約十一キロ南に位置し、面積はペリリュー島の約三分の二とひと回り小さく、平坦な地形である。どちらの島にも鍾乳洞が多くあり、複雑な地形をしている。ハチの巣のように入り組んでいて、それを掘ってトンネルを作ったり、穴を石で塞いだり、要塞にするには最高の条件を備えた地形だった。

幸いなことに元リン鉱山で働いていて、現地召集された日本移民の兵隊たちが多くいたため、地形にも詳しく、砲台など、頑丈な要塞ができた。どちらの島もミクロネシアの中ではもっともりっぱな要塞を作ることができた。

マリアナと違って、島民も民間人もほぼ全員疎開していたし、アンガウル島に残った約半数の住民は深い洞窟に身を潜めていたので、戦うには心配はなかった。また、コロールの司令部とは水中ケーブルでつながっていたため、通信が可能だった。ケーブルのおかげでコロールの司令部にいる井上中将には、戦況を報告し、戦略を仰ぎ、励まし合っていた。兵隊たちも戦争の成り行きを知ることができた。それが兵隊たちの士気を高めるうえで大きな役割を果たした。

コロールの司令部で得た戦況は、東京の上層部にも報告された。激しい戦闘を乗り越えた時は、天皇から励ましのお言葉が送られてきたという。

アメリカ軍の上陸

まずはペリリュー島での戦闘を見てみよう。

パラオの南方にアメリカ機動部隊が進出してきたのは、九月六日のことであった。同日に延べ三百機による空襲を実行。コロール、ペリリュー、アンガウルの島々が一斉に攻撃された。翌七日にはペリリュー島とガドブス島が攻撃され、どちらの飛行場も爆撃被害のため使用不能となる。

ペリリュー島にはアメリカの戦艦四隻、巡洋艦二隻を含む艦隊も攻撃を加えてきたため飛行場周辺の基地施設は壊滅状態となる。十日から十二日にかけては、パラオ全体が猛烈な空襲にさらされる。十三、十四日もアメリカ軍は攻撃の手を緩めることはなかった。

さらに十五日午前六時には約五十隻のアメリカ軍輸送船が現れ、そこから降ろされた上陸用舟艇約三百隻が島に突進してきた。日本軍が戦略通り洞窟に身を潜めていると、日本兵の姿が見えないことを不思議に思ったアメリカ軍は上陸して来た。そこで日本軍が仕掛けた機雷に触れ、次々と爆発。この結果、アメリカ軍の死傷者は約千名に達した。しかし、それでもアメリカ軍は続々と舟艇を送り込み、結局、八時半には上陸してしまう。

アメリカ軍は戦車を前面に立てて徐々に内陸部に侵入してきたが、中部山岳地帯の日本軍はその攻撃に耐え、敵を撃退し続けた。そこで、井上中将は兵力を増強すればアメリカ軍を駆逐できると判断。約千名の援軍をコロール島から四十キロ先のペリリュー島に送った。途中、アメリカ軍に見つかり六百名に減ったものの無事到着。しかし、九月末には山岳地帯の一部を除く全域がアメリカ軍の手に落ちた。そしてこの後も戦闘が二ヶ月も続いたのだ。

十一月になっても日本軍は約五百名の兵隊を残していたが、砲弾はほぼ底をついていた。そこへアメリカ軍はナパーム弾攻撃を仕掛けてきた。日本軍は身動きが取れなくなり、銃弾に次々と倒れた。

二十四日には銃弾も尽き、午後になって中川大佐は玉砕を司令部に告げ自決。その後、約七十名の負傷者は洞窟内で自決。残された約五十名の兵隊も、最後の突撃を掛けることを司令部に告げた後、全員が戦死した。

戦死者数は日本兵約一万名。アメリカ兵が約千七百名。日米ともに悲惨な結果となった。戦傷者数は日本兵が四百四十六名。アメリカ兵が七千名。日本の戦傷者は救出されることなく自決したため、ここでいう日本の戦傷者数は捕虜となった者と自力で脱出した者の数と考えられる。

そして、この翌年の八月十五日、終戦の日を迎えた。

ところが山の奥の洞窟に、終戦を知らない日本兵たちがまだ数十名残されていた。その後、二年半もの間、ペリリューの洞窟で暮らすことになる。アメリカ兵に保護され、助かった時は三十四名になっていた。

アンガウル島にも砲弾の雨

アンガウル島はどうだったか。アンガウル地区隊長となった江口大佐は、パラオに着くとただちに基地の建設を開始した。しかし、井上中将はアンガウルへのアメリカ軍上陸の可能性は非常に低いと判断。アンガウルには一大隊約千二百人と現地住民の軍夫百八十人だけを残し、コロール島の守備に注力すべく、主力はコロールに引き返した。アンガウルでは後藤丑雄少佐が隊長を務めることとなった。

しかし、アメリカ軍はペリリュー島上陸の二日後、九月十七日、午前五時半、アンガウル島の東海岸から猛烈な艦砲射撃を浴びせかけ、八時半には海岸に到達。攻めてきたのは、二万二千人からなるアメリカの歩兵師団である。日本軍の約十八倍の人数である。アンガウルは前述の通り、多数の鍾乳洞とリン鉱石の採掘跡があり、複雑な地形をしており、その地の利を生かして守備を固めようというのが日本軍の作戦だった。しかし、戦車と水陸両用装甲車を使ったアメリカの攻撃には耐えきれるはずもなかった。

十月に入ると、洞窟内で身を潜めていた日本兵たちも、食料や飲料水が不足してきた。この期間、島に残った島民たちは、食料の搬送など日本軍に協力していたが、アメリカ軍の降伏勧告に従い、投降する島民も続出した。

アメリカ軍は火炎放射器と手榴弾で洞窟陣地を一つずつ、潰し始めた。このままでは危ないと十月十九日、残った日本兵全員百三十人が結集し、夕方から分散して、敵中突破をはかる。しかし、その多くは戦死してしまった。この敵中突破での戦闘の結果、後藤少佐も戦死。生き残ったのはわずか数名であった（参考：『Nan'yō』、Smith, Robert『The Approach to the Philippines』、西村誠『ペリリュー・アンガウル・トラック（太平洋戦跡紀行）』、防衛庁『戦史叢書』）。

捕虜となった倉田さん

このわずか数名のうちのひとりに、これまでにも何度か登場してもらった元役人の倉田さんもいた。この敵中突破で吹き飛ばされ、左半身を負傷して動けなくなっていた。その時の様子を作家の星亮一氏は、『アンガウル、ペリリュー戦記――玉砕を生きのびて』で次のように描写している。

「十月十九日、残っていた百人余が最後の反撃に出た。倉田には自決用の手榴弾が渡された。洞窟に手榴弾の破裂音が響き、重傷者は次々と自決していった。これで、おしまいだと倉田は覚悟した。洞窟に残されたのは倉田の他に木下兵長、高木上等兵、中山二等兵らごくわずかだった。薬も包帯もない。海水で傷口を洗い、米兵が捨てた封筒のなかの便箋を傷口に当てた。洞窟陣地はどこもかしこも自決した戦友の白骨が散乱していた。倉田は残された人々と洞窟に隠れ、日本軍の反撃を待った。まもなく米軍はわずかの守備隊を残して引き揚げ、玉砕してから早くも三か月が過ぎた。米兵は夜になると野外映画を楽しんでいる。歓声も聞こえてくる。倉田らはその隙に集荷場に忍び込み、食糧を奪った。しかし、いつかは見つかる。そこで泳いで島からの脱出をはかったが、泳げない者もいて失敗した。

数日たって米軍の食糧を奪うために倉田ら三人はキャンプに潜入した。一張り、二張りとテントをのぞき、三張り目のテントに入ったときだった。米兵がひとりベッドに寝ていた。お互いに目が合った。ぎょっと驚いた。

『ホールドアップ』米兵は枕元のカービン銃をとり、倉田に銃口を突き付けた。倉田は武器を保持していなかった。もうどうにもならない。殺されると思った。米兵が何かを鋭く叫び、どやどやと兵隊が集まってきた。倉田は逮捕され、尋問が終わると船に乗せられ隣のペリリュー島の捕虜収容所に送られた。（中略）ペリリュー島の洞窟のなかには小銃や機銃、飯盒などが散乱し、どこも白骨だらけだった。火炎放射器で焼かれ、洞窟は真っ黒になっていた。その後、軍用船でグアムに上陸。夜、B29が何十機となく東京に飛び立った。東京空襲である。その後、アメリカ本土に渡り、収容所を転々とし、終戦後、日本に送還された」

大勢の朝鮮人と沖縄人が送られて来た

ここからは、島の人々に彼らにとっての太平洋戦争を語ってもらおう。激戦地となったペリリュー島出身のトミエさんは、こう話す。

「戦争が始まる前から飛行場を作るために人が大勢来ました。それを見て、『きっと近いうちに戦争があるらしい、だから飛行場を作ってる』って噂していました。

その飛行場作る時に、暇な時は女の人も勤労奉仕といってみんな行って手伝いました。飛行場の仕事のために、大勢沖縄の人と朝鮮の人がおりました。朝鮮の人は仕事のために家族も連れないで男ばっかりでした。沖縄の人は多少、家族がおりました。パールハーバーの前にすでに大勢おりました。大きな車があったら、すぐに土や石を運べるけど、あの時はなくて、長い列を作って、手で運んでおりました。

戦争が始まってからも空襲前には、もし飛行機が来て、爆弾落としたらどうするかって、みんなその時のために訓練しました。女子青年団の女子はみんなモンペをはいて訓練しました。空襲が始まる前ですが、夜になって灯りが窓から外にもれると、爆弾落とされるからって、窓に黒いカーテンをして灯りが外から見えないようにしていました。

私たちはあの時、『手旗信号』を日本の兵隊から教わりました。

兵隊の慰問にもよく行きました。行くと〝うーちのラバさーん酋長の娘〟ってよく歌いました。他の歌も覚えています。

♪ぬしはアバイ（伝統的男子集会所）でこの月を、私しゃ、浜辺でただひとり、せつない思い、あーあ聞くは磯千鳥、　さーまー腰蓑サラサラと、あーあー♪

あの時歌えばもうみーんな笑って、兵隊が大勢笑っていました。

♪いやなお方は、やはりいや、好きなお方は、やはり好き、恋風吹くよ、あーあ、葦の風便りー♪

そういう時はね、もうみーんな笑ってました。みんな、あーもっともっと歌ってって。こうやってよく歌って踊っていました。うちのラバさん、て本当によく歌いました」

この兵隊たちは、ペリリュー島の戦闘に参加して、ほとんどが戦死したと思われる。慰問で、戦闘前にこんな楽しい時間が持てたことは多少の救いかもしれない。

貴子さんによると、飛行場だけではなく、道路建設にも島に住む人たちが駆り出され、一生懸命暑い中、働いていたようだ。

「ここの政府の土木課でコロールのこの道を作ったんですよ。沖縄のおばさんたちがいっぱい働いていました。朝鮮の人もいました。手で道を作ったんです。すごーく出来が良くて、戦後壊しにかかった時に、道の頑丈さに驚いたそうです。父が沖縄の人は本当にまじめだって褒めていましたから、一生懸命作ったんです」

強制的に召集

戦争が近づくと政府の態度がガラリと変わった。そのことを島の人々は敏感に感じたようだ。植本さんは、こう話す。

「戦争が始まった時に方針がパッと変わりました。パラオ人も今度は軍の教育を受けた。軍隊のために青年団も軍隊式のトレーニングを受けるようになった。若者をトレーニングして戦争の準備をし始めたのです。だから日本人の行った中学でも軍隊教育が始まった。下士官といって、指揮者が軍から来て中学生に教えていた。切り込み隊もあった。

戦争がパッと始まったら兵隊がどんどん入って来て、それからだんだんだんだん増えてきた。日本人はパラオからインドネシア、パプア・ニューギニアなどに行った。兵隊はパラオに来て、ここからラバウルなどへも出て行きました。南進が戦略だったからここからいっぱい行きましたよ。パラオ人もニューギニアに各部落から何人か選ばれて行きました。でも、兵隊じゃなくて軍属のような扱いをされた。

兵隊が来た時には、大人は軍の船が入って来るたびに、各部落から召集されて、船から荷物を降ろす荷役の仕事をした。それを無理に強制的にやらされた。この部落から何人出せとか言われた。その強制主義は戦争が始まってからだんだんと出てきました」

残って戦うように命令された日本人

日本軍は住民を工事には駆り出したものの、戦闘に巻き込むことは避けようとしていたようだ。戦時中の様子についてフローレンスさんはこう話す。

「戦争が始まって、リン鉱で働いている日本人はアンガウルに残って戦うように命令され、訓練を受けました。でも、家族はバベルダオブに疎開するように言われました。アンガウルは軍事基地になる予定だったので、老人と子どもはいられなかったのです。

でも、私の姉の旦那さんは日本人で沖縄の人でした。姉は彼を残して疎開出来ないって、三人の子どもとアンガウルに残って洞窟に隠れていました。するとある日、その旦那が姉のいる洞窟に会いに来て、『もう二度と会うことは出来ないだろう。会うのはこれが最後になる』と言いました。彼は東側の海岸に行くよう命令を受けたからです。アメリカ軍が来るだろうからって。

その時殺されるだろうことは、すでに上の人から言われていたようです。殺されることがわかっていて戦場に行くなんて、どんなに辛かったかしら。子どもたちを残してね。

私は彼がとても好きでした。とってもいい人でした。でも、それで死んでしまいました。私は母と下の姉とその子どもたち二人と疎開しました。姉のお腹の中には赤ちゃんもいました。出産間近の状態でした。バベルダオブのジャングルで男の子が生まれましたが、一ヶ月か二ヶ月経った頃に死んでしまいました。栄養失調です。充分に与えるミルクもありませんでした。父がココナッツシロップを与えましたけど。

ジャングルで生まれた子どもには生き残った子もいるけど、餓死した子もいました。不衛生なのも悪かった。ジャングルでは土の上での生活です。きれいにするものなどありませんでしたから。肺炎とかで死にました。姉は二人の子どもだけが生き残りました」

爆弾投下と餓えから疎開する

トミエさんも疎開中に出産した経験の持ち主だ。

「パラオの人は強制的に疎開させられました。ペリリューの人も疎開しなさいって。戦争が始まった時、私たちはペリリューから他の島へみんな疎開しました。カルバアイランドってところです。すごく近い小さな島へ行きました。それからは毎日ずーっと飛行機が来て、ペリリューへ来ては爆弾落としていました。飛行機が来る時間がわかれば、来る前に防空壕に入って隠れて、飛行機と爆弾が去った後に出て来ました。

ある日、昭和十九年（一九四四）の八月あたりです。四時頃でした。飛行機がバベルダオブへ爆弾落として、その帰りに私のいた場所のすぐ上へ落としました。あの時の音はもう一生忘れられません。大きな音で、自分のところへ落ちたかと思って心臓が止まりそうでした。

あくる日の夕方に日本の兵隊が来て、この場所にいると危ないから他へ疎開しますって言いました。そして、大きい船が来て、みんなそれに乗りました。翌朝、その島を出たけど、九時頃にまた爆弾が落ちました。私たちは船に乗ったまま、じーっと島の陰に隠れて、飛行機が去ってからバベルダオブまで行きました。

あの頃は食べる物が何もありません。ほんの少しのラスクとかだけです。あー、あの時の辛さは一生忘れません。その時、私は二十一歳でした。その年の一月頃結婚し、三月に妊娠して、疎開することになりました。だからとても大変でした。

ペリリューの人はみんな同じバベルダオブのガラルドというところにいました。アンガウルの人もそこに疎開していました。食べる物はお米も何もありませんでした。一日に一回くらい何か少し食べました。アルコロン（パラオの北端）の人もやっぱりそこへ疎開してきました。アルコロンにも兵隊たちがいましたから。

それでパラオの島民たちはみんな同じ場所に大勢で住んでいました。コロールに住んでいた人たちも、みんなバベルダオブに疎開しました。コロールにはたくさん人がいましたから、みんな家族を連れて、バベルダオブのアイライとかアルモノグイにも疎開しました。第二のコロールという部落がありました。

私たちはタロイモとかサツマイモとか、みんなそれを食べていました。それはもうつらかったです。夜になると若い人たちは、森へ椰子の実を持って行って、それに穴を開けて木にかけます。そうやってヤシガニを獲るのです。毒のある木の実もありました。その実はしばらく水に浸けて毒を抜いてから食べます。そうやってパラオ人は何とかして食べる物を手に入れてました。

日本の兵隊も大勢いました。みんな食べる物がなくて痩せていました。私たちが木の実を食べているのを見た日本の兵隊が、毒があるとは知らずに、そのまま食べて死んだそうです。木に寄り掛かったまま亡くなった兵隊もいました。食べるものなくて死んでしまいました。そんな人、大勢おりました。沖縄とか日本の人とかも大勢おりました。

八月、九月、十月、そのあたりにはもう何にも食べる物がなくなりました。ペリリューから来た人たちは、自分たちの親戚がいれば、散らばって他に行ったりしました。十二月頃でした。バベルダオブにいた私たちのおじさんが心配してくれて、ある日、『みんなおじさんのところへ連れて来なさい』って言ってくれました。それでずーっと朝から歩いて、おじさんの家に着いたのは夜中の一時か二時頃でした。とってもつらかった。食べる物がありませんでしたから。

おじさんの家に来てからは、タロイモがたくさんありましたから良かったです。私の子どもはよく死なないで生まれてくれました。とても小さい子どもでした。

ペリリューにいた大勢の人たちは、兵隊だった人も兵隊でなかった人も、みんな亡くなったと聞きました。

戦争が終わって兵隊たちがみんな日本へ帰った後で、倉庫とかの大きな場所から、たくさんのお米とか、他の食料もたくさん出てきました。それはえらい兵隊たちが貯めて、戦争が長くなった時のために、食べないで残しておいたらしい」

餓死する兵士たち

戦争中疎開せず、コロールで過ごした植本さんは言う。

「戦争が始まったらものすごく厳しくなりました。パラオ人も兵隊に取られました。兵隊と言っても日本の兵隊と違って軍属という朝鮮人と同じような扱いを受けた。若者たちも軍に入れられて軍隊式の訓練を受けました。その若いパラオ人たちで海兵隊というのができた。そしてインドネシアへ多くの人が行った。そこで死んで帰らなかった人もいる。ウエストパプアへ行った人もいる。

それ以外では漁労隊というのを軍が作って、沖縄人とパラオ人が雇われた。仕事は魚捕り。軍の上等兵が隊長になって下はみんな沖縄人とパラオ人。漁労隊は魚を捕って、捕った魚をパラオに来た日本の兵隊たちにやった。

その頃、民間人は日本に帰ってしまっていました。偉い人の奥さんとか子どもとかみんな日本に帰った。でも途中で魚雷に当たって船が沈没して死んだ人もいる。

残った日本人は現地召集といって、召集されて兵隊になった。そしてペリリューは軍の要塞を作るということで、パラオ人はみんな他に疎開した。そのおかげで助かった。現地で召集された日本人はペリリューに送られて戦闘でみんな死んだ。

アンガウルの人たちは『自分たちは動かない』と言って半分くらいは島に残った。彼らは玉砕しなかった。ペリリューとアンガウルが陥落した後のコロールはとっても人間が多くて、食べ物がなくなっていた。

僕はコロールに残りました。毎朝アメリカの飛行機が上空まで来て、仕事のように八時から五時までブーンブーン。動く物はバババーンってやられちゃう。だから農業も夜になってからやりだした。夜でも飛行機が来たから、灯りを物凄く暗くして。その頃はイモを食べていた。サツマイモが主だった。タロイモは栽培に六ヶ月から一年かかるからやらなかった。

パラオ人だけ食べる物作っていた。日本人に取られたけど、残ったものは食べた。日本人には漁労隊の他に農業隊があって、食料の確保に懸命だった。作る食料はパラオ人のためでも民間人のためでもなくて軍のためのもの。だから日本の民間人は食べるものがなくてバタバタ死んで行った。

でもパラオ人で餓死したのはいない。それは山の中で食べられるものを知っているから。日本人は知らないから食べてはいけないものを食べて死んだりした。日本人はトカゲからヘビからネズミからみんな食べだした。パラオ人はそんなことしなかった。

戦争終わる前にパラオの人、何人かアメリカ側に逃げた。ペリリューにもアメリカ人いたし、アンガウルにもいた。カヤンゲルにもアメリカ人がいた。カヤンゲルの人は一番早くアメリカ人になった。あそこは船が停まっていたけど、戦闘はなかった。ペリリューが陥落した後はね、日本の船はうっかり大砲なんか撃てない。大砲なんか撃って場所が見つかったら、ペリリューから飛行機でバンバンやられる。だから撃たない。弾薬の節約ということもあったかもしれないけど、本当に節約する必要があったかどうか疑わしい。日本人の偉い人、いい物食ってたらしい。パラオ人はいい物なんか食えない。戦争が終わったらね、倉庫にあった米なんか、たくさん出てきた。弾薬もたくさん」

トミエさんと同じく、日本軍の一部が食料をとっておいた話を耳にしている。大勢の兵隊が餓死しても、まだ今後の為にと食料を食べずに残しておいたとは、何とも悲しい話である。その米で多くの日本兵が死なずにすんだだろうに。

「一緒に戦いたい」とパラオ人は言った

パラオ人教師のウイリーさんは言う。

「戦争が近くなった頃、青年団は戦争の準備のために兵隊のような訓練をしていた。切り込み隊と呼ばれて。日本人の青年団もパラオ人の青年団も同じような訓練を受けました。しかし、日本人の青年団の人は召集されて兵隊としてペリリューに送られた。ほとんどの日本人は、そこで戦って死んだらしい。

パラオ人は訓練を受けたけど、戦場へ送られた者は一人もいない。でも、『自分たちも日本人と一緒に戦いたい』と思っていたパラオ人はたくさんいる。マルキョクにあったパラオ人の青年団が、『自分たちも戦いたい』と若くて強い人を兵隊として選んで、『ペリリューでアメリカと戦ってアメリカ人をやっつけてやるんだ』と威勢よくボートに乗って出発したそうだ。

ところが、ペリリュー近くになったら、アメリカの軍艦がいっぱい、いっぱい海上にあって通ることもできず、自分たちは近くの島に隠れて様子を見ていたらしい。目の前にはアメリカの大きな軍艦がたくさん。自分たちは小さなボートで武器もない。これじゃ、とても勝ち目がないとわかったが、その島から出るに出られず、戦争が終わるまで島に隠れていたそうだ」

私はこの話に感動した。「自分たちだって日本人なんだ」「仲間が戦っているのに、放っておけない」と島の人たちは思ってくれていたのだ。トミオさんはこう話す。

「戦争が終わる頃、一九四三、一九四四、一九四五の三年間。日本の兵隊が入って来た。政府がパラオの人を採用して軍の仕事やらせた。荷役といって、荷物を船に上げたり下ろしたりする仕事です。日本人もいた。給料は差がありました。パラオの人は一番安かった。アメリカの軍艦がいっぱいで、日本からの船が来られなくなった時もありました。そんな時には、荷役の仕事がないから、兵隊の仕事をやらせました。

　パラオの人は兵隊の仕事をしても兵隊じゃなくて、ただ軍の仕事やっていました。私たちは、一回目はパラオ調査隊としてニューギニアに派遣されました。六十何人。私は二回目の募集で、三十何名で行ったんです。日本人と一緒にニューギニアを調査する。行った時は調査なんかできません。空襲を受けたり、もう戦争が始まっていましたから。そして、食料が届かなくなったから、畑を作ってはサツマイモとかタロイモを植えたんですよ。それを兵隊さんたちが食べた。ニューギニアで三年間。昭和二十一年（一九四六）に太平洋戦争が終わってからパラオに帰ってきました」

第八章　やっと戦争が終わった

飛行機からのビラで知った敗戦

現地での戦況が厳しくなると、住民には疎開命令が出たのはすでに述べた通りであるが、必ずしも全員がそれに従ったわけではないようだ。アンガウル島に住んでいたフローレンスさんはその頃のことをこう話す。

「コロール、ペリリュー、アンガウルに住んでいた人たち全員、バベルダオブに疎開するように命令がありました。『日本人に何も聞くな。理由など聞いてはいけない』という命令でした」

島の中でもバベルダオブ島は比較的安全だと見なされていたようで、他の島の住民もそこに移るように命じたのだ。

「それでもみんなは、バベルダオブに疎開したいとは思っていませんでした。自分の住み慣れたところにいたかったですから。どこかに隠れる場所を探してでも、自分の島を離れたくありませんでした。だから家族で話し合って、バベルダオブに行く人とアンガウルに残る人を決めました。もし全員バベルダオブに行って何かあったら、家族が全滅するからです。バベルダオブに家族が少しでも行っていれば、その人たちは家系を継ぐことができます。

だから日本人に対してちょっとしたトリックを使いました。パラオで戦争が始まるギリギリまで待って、出発しました。バベルダオブに行く人を先に船に乗せて、アンガウルに残る人は『ボートがないから行けない』と言って島に残りました。だからアンガウルだけ、島の人は島に残ることができました。ペリリューもコロールも、島民は誰も戦争中はいなかったけど、アンガウルだけは百人くらい洞窟に隠れていました」

洞窟での生活は楽ではない。耐えられずにアメリカ軍のもとへと走った者もいたという。フローレンスさんの話が続く。

「聞いた話ですけど、洞窟の中は水もないし、食料もない。だから洞窟から逃げて、アメリカ軍のところに行った人もいる。洞窟の中に爆弾を落とされたりもしました。だから洞窟から逃げれば、もう隠れている必要もないし、自由になれるからって。でも、日本人に『アメリカ人は殴るし、怖い』と言われていたから、行くのはとても怖かった。洞窟の中にはリン鉱で働いていた、サイパンからのパラオ人グループがいました。その人たちはサイパンにいた時、アメリカ人と話したことがあったので、アメリカ人がとても親切だと知っていました。だから、まず彼らがアメリカ人のところまで逃げて行きました。それでアメリカ人は洞窟に人が隠れていることを知ったのです。そして現地の人に呼びかけが始まりました。パラオの人は戦争とは一切関係ないのだからって。

空腹でも、喉が渇いていても、子どもが病気でも、洞窟から出てくれれば、食料も水もあるから出ておいでって言い始めた。それでみんな迷い始めたわけです。日本の兵隊からは『アメリカ人に捕まると殴られて、ひどい目にあう』『女はレイプされ、男は殺される』って聞かされていましたから。だからどうしたらいいかわからなくなって。

でも、とにかくここから出ましょう、もし殺されたら、殺されたまでのこと、となった。洞窟の中にいても、これ以上生き延びるのは、もうとても苦しかったから。

日本の兵隊たちでさえ洞窟に逃げ込んで来ていました。兵隊たちでいっぱいだったそうです。多くの日本兵が怪我をしていた。

だから心を決めた。作り話を日本兵にしました。『別の洞窟を探しに行くから、見つけたらあなたたちを呼びに来る』と言って洞窟を出ました。他の人たちは怖がっていて洞窟にいました。そして洞窟の外が安全とわかり、食料も水にもありつけました。

それからアメリカ兵たちが二、三人の男を送って、洞窟に残っている人たちに『安全だから出て来い』と言いに行かせました。ビラを作って飛行機からばら撒いたり、陸上にも船にも撒きました。その頃は戦争も激しくなくなって、もう日本の飛行機も飛ばず、船も来なくなっていたから、パラオの人たちも日本が戦争に負けたことをわかっていたと思います。だから彼らは敵の側に行くことに決めたんです」

そう、洞窟に隠れているうちに戦争は終わっていたのだ。植本さんは言う。

「戦争が終わったら、飛行機が爆撃をしなくなりました。その代りにビラを撒いてた。それを日本の憲兵が拾った。我々が拾って読んだら怒られる。ビラを拾ったら、日本の憲兵と巡査がみんな取りにくる。それを読んで信じたら監獄に入れられる。でも、戦争が終わったのは、そのビラで知りました。それでも日本の人は『まだ終わらない』って言ってました。ビラを取って、『これは嘘だ。真実じゃない』と言ってました。それから、天皇の終戦の言葉はラジオのニュースで聞きました」

戦争が終わっても、しばらくは混沌とした状況であった。島はすっかり破壊され、疲弊し、食べる物もなく、やっと生きていられるような状態だった。コプラの市場もなく、民芸品など売る商品もなく、家も壊され、船も何もかもなくしてしまった。

終戦の翌月にはアメリカ海軍がパラオに上陸し、島に残された人々は占領下に置かれた。本土出身の日本人、沖縄県出身者、韓国・朝鮮人、ミクロネシア人に分けてグループがつくられ、キャンプに収容された。キャンプ内は投降してきた日本兵や朝鮮人、沖縄の労働者たちでいっぱいだった。アメリカ軍はキャンプの人々には充分な水と食料を提供し、負傷者には手当を施した。

そこでは戦前の仕事の経験から技術のある者はそれを生かせる床屋や修理工といった仕事を、あるいは事務の得意な人には記録係などの仕事を担当させた。日本人全員が引き揚げ、ミクロネシアの島々がいずれどこかの国に引き渡されるまで、アメリカの海軍は島の人々の秩序が守られるように努力し、捕虜たちを守る責任があった。なんといっても島の人々の生活を自給自足できる状態に回復させなくてはならなかった。

そして、南洋庁にあった軍人の名簿、朝鮮人や日本移民の名簿などをもとに、ひとりひとりチェックされ、残った日本人はみんな日本に、朝鮮人はみんな朝鮮に引き揚げるようにと言われた。敗戦で、朝鮮人の態度も変化したようだ。スズモトさんが言う。

「戦後すぐ最初に引き揚げたのは、朝鮮の人でした。あの時、朝鮮の人の態度が荒くなったんです。日本の人が戦争に負けて、朝鮮が独立しましたから。戦前は日本人が朝鮮人を使っていましたけど、それが、日本が負けたもんだから、急にえばり始めました。日本の巡査の剣をとって、えばっていました。そんなこともあって、早く帰ったんですよ。みんなアメリカの船で。最初に朝鮮人が引き揚げて、その後、沖縄人も日本人も一緒に引き揚げました」

そして翌年の昭和二十一年（一九四六）六月までには日本国籍の者は全員引き揚げ、韓国・朝鮮人も出身国へ送還させられた。日本人たちは島の人々に挨拶し、涙で別れを惜しみ、お別れの歌で見送られた。高橋さんの話。

「私の知っているヤップのおじさんは、沖縄の友達が日本に引き揚げることになって、別れを惜しんで、思い出話を語り合いながらよく一緒に飲んでいたそうです。最後の晩は朝まで。アメリカの船に乗る、最後の最後まで一緒に酒を酌み交していたそうです。最後のヤップの人と沖縄の人とはそういうつながりがありました。パラオも同じだったと思います」

移民をもてなしたアメリカ軍

アメリカの船で引き揚げたポンペイ島のスズモトさんはこう話す。

「原爆のことはもう翌日ぐらいには情報が入って来ました。狭いところですからパーっと広がりました。男はみんな殺される。女子どもは襲われるって言われてました。負けたんですから。アメリカ人が入って来たのは十月頃でした。アメリカの船が来て、アメリカ軍が『日本人は引き揚げるんだ』と言って。荷物は一人でリュックサックひとつだけ持つように言われました。十二月になってアメリカ軍が軍艦で来ました。LSDとかいう、後ろが開く大きな軍艦です。

虐殺されるとか、いろいろ恐ろしい話を聞いたけど、とても丁重に扱われました。船では夜になると映画が上映されました。アメリカの映画でしたけど。みんなに古い毛布をくれました。純毛の毛布で、軽くて色がグリーンでした。それと、長～いつなぎの作業服もくれました。アメリカのサイズなのでブカブカでしたけど、それもくれました。寒いからって、毛糸の手袋もみんなにくれました。日本人一人一人全員にくれたんです。

あとは、タバコ四本、ビスケット、砂糖、コーヒーが箱に入ったレーションという非常用のパック。それを食べれば栄養は充分らしいんです。朝昼晩と一日三回くれました。

夜になると、日本人にお米を炊いてくれました。日本人は好きだろうって。湯呑み茶碗に一杯ずつ白いご飯です。それから洗濯するだろうって、石鹸も使い放題。要領のいい人は使わないで持って帰りました。

缶詰ももらいました。その中に干しぶどうが入った小さいチーズみたいなものが入っていました。それは脂っこくて食べられませんでした。毎日くれましたけど食べないものだから、いっぱいたまってしまいました。もったいないと思って持って帰って来て、日本に着いてから売ったんです。そしたら一個八十円だって、いい値段で売れました。着る物ないですから、そのお金で学生用のオーバー買いました」

戦友はほとんど戦死した

太平洋戦争後、生き残った日本移民たちが引き揚げてしまうと、賑やかだった町も廃墟と化した。戦前三十年もの間、多くの日本移民が住み、日本人で栄えた町だとは、想像もつかない。それどころか、そんな時代があったことすら封印されているかのようだ。

パラオのダイバー景気の話をしてくれた中尾さんも、子どもの時にパラオに移民として渡って来て、ここで生活し、召集され、ペリリュー島で戦った日本兵の一人だった。

戦後は日本に引き揚げ、就職して結婚し、平凡な生活を送ってきた。だが、ペリリュー島の戦闘で多くの戦友を失った悲しみから逃れられなかった。退職後、残りの人生は死んだ戦友の墓守をすると決め、故郷でもあるパラオに帰ってきた。

元役人で現地召集されて、アンガウル島で戦った倉田さんはこう言う。

「僕はいつ死ぬかわからない身だけど、パラオで死のうかと思っている。戦友が玉砕で逝ってるし、アンガウル島の玉砕で千三百人死んだ。僕は玉砕の十日前に左半身にけがをして、最後の玉砕に参加しなかった」

たまたま助かってしまった自分の命。死んだ多くの戦友に申し訳ないのか、故郷でもあるパラオで戦友とともに土に還る覚悟で帰ってきたのだ。

日本に引き揚げた中には、パラオに帰りたいと願った人もいたようだ。貴子さんの話。

「戦後日本に帰った人たちは、『パラオに帰りたい、帰りたい』って言ってました。戦前のパラオはいい時代でしたから。この前もパラオ小学校の同窓会をやったんです。私より年代の若い人たちもたくさん来ました。ここで終戦を迎えて、命からがらここを引き揚げた人たちです。途中で船が沈められた人もたくさんいます。『帰れるものなら帰りたい』って。ここで育った人たちです。ここが生まれ故郷ですから。それだけあの頃のパラオが良かったってことなんです」

パラオを故郷と思っている日本人はたくさんいる。パラオで生まれた日本人もたくさんいる。戦争で引き揚げざるを得なかったが、パラオに帰りたいと願う日本人も多かった。現地のパラオ女性と結婚して、子どもを置いて日本へ引き揚げた日本人も多かった。

しかし彼らの多くは、家族を置き去りにするつもりだったわけではない。日本にいる親や兄弟の身を案ずる気持ちもあり、一旦日本に帰るが、すぐまたパラオの家族の元へ戻れるものと思って引き揚げたのだ。ところが、戦後は閉鎖政策が取られたために、入国はもちろんのこと、連絡さえも取れなくなってしまった。ルルさんも言う。

「引き揚げた日本人も、自分の愛する奥さんと子どもをここに置いて行きました。日本に引き揚げて行っても、気持ちがずーっとパラオにあるもんだから、再婚もできないで七十、八十になるまで、みんなどーしてるかなーって、自分の家族のことが忘れられない人もいます。

ある父親は日本に引き揚げて、別れた子どもと奥さんのこと、連絡も取れず、ずーっと忘れられずに思っていました。ある時、自分の息子、パラオの息子が、父親がどこにいるか探して、居場所を見つけたんです。そして、そのパラオの息子はお父さんに、家族の写真を送りました。父親はその時もう七十いくつかになって、体が弱くなっていました。そして、別れた息子の大きくなった写真を見て、安心したのか、その後すぐに亡くなりましたって。とても残酷だと思います。

だから家族が別れたりしてはいけない。いけないですよ（泣きながら）。私もこういう話をすると涙が出るんです。くやしさとなつかしさからです。誰でも人間は、みんな同じです。政府は勝手なことをする。国民のレベルはみんな一緒です。戦争はいけません」

パラオの男性と恋をして、男の子を出産した日本人女性の話を聞いた。父親が日本人でない限り、子どもは日本人として認めてはもらえず、まだ生後四ヶ月の赤ん坊と無理やり引き離された。その母親は引き揚げ船の中で島じゅうの人が聞こえるほどの大声で泣いていたという。

こうして引き揚げて行った日本人たちはどんな生活をしていたのだろうか。リュックサックひとつだけで帰った人たちは日本の親戚を頼りに生活していたのだろうか。その親戚でさえ、戦後の混乱で満足な食事もできない状況であったに違いない。満州からの引き揚げ者は何かと話題にのぼることはあっても、ミクロネシアからの引き揚げ者のことなど、話題になる事はほとんどなかった。移民の多くが戦争に巻き込まれて死んでしまったとはいえ、無事に引き揚げた日本人も多くいたのである。その人たちはまるで何事もなかったかのように、貝のごとく口を閉じてしまった。外地での裕福な暮らしから一変して、困窮生活を強いられ、生きるだけで精いっぱいだったのかもしれない。多くの知人や家族、特に夫や父親を戦争で失った悲しみにじっと耐えていたのかもしれない。

ポンペイに派遣された宣教師の娘の田中栄子さんは手記の中で次のように述べている。

「戦前あれほど騒がれたわが日本国の南洋への進出の足音は、敗戦による、邦人の内地への引き揚げとなり、サイパン島の玉砕に続く終戦とともに、ぴったりと聞こえなくなって、人々は恐ろしい夢から醒めたように放心状態となり、しばらくは南の洋上の島のことなど一言も言わなくなった」(『優しいまなざし』)

せめて、自分が書き残しておかなくてはと、戦後三十五年たった昭和五十五年(一九八〇)になって手記を出したのである。

それでも日本人が懐かしい

パラオ人は、日本にミクロネシア領域を占領されてから、日本人によって差別を受けていた。しかも、戦争では酷い目にあっている。にもかかわらず、七十年以上経った今日でも日本人との友好関係が続いている。同じ同化政策を実施した他の国の植民地と、日本統治時代のミクロネシアでは、いったい何が違っていたのか。

ここまでに触れたことと重なる部分もあるが、その謎を解く声を、いくつか思い起こしてみよう。フジオさんの話。

「日本時代が良かったっていうのは、まあ金もあったし、自由で、品物はたくさんありましたから。何でも出来たっていうのがいいところでしょうか」

初めて手にした現金を持って、デパートやお店に買い物に行き、珍しい日本の商品を買う楽しみ。物価も安かったから、ほしい物を手に入れることが出来た。物質的にも精神的にも豊かさを感じていた時代だった。

「お前は日本人だと言われ、日本人、日本人という教育を受けていました。お酒を飲めないのは差別と感じていたけど、それ以外で差別と感じるようなことはありませんでした。日本人の奥さんたちも、自分の子どもと同じように扱ってくれました。シンガポールが落ちたというと、パラオ人も日本人も一緒に提灯行列しました。今でも日本人だと思っているパラオ人もいます」

これは、日本の同化政策が同じ中国文化を背景に持つ、台湾や朝鮮よりもうまくいったことを物語っている。一番大きかった理由は、一緒に遊んだりして仲良くなれたことではないか。フローレンスさんが次のように言っている。

「日本の人はとっても皆いい人で、パラオの人とも親しく友達になりました。それが昔は良かったという主な理由だと思います。友達になれたから。

日本人は経済的発展をもたらしてくれました。仕事がありました。日本人はここに来て住んでくれました。アメリカ人とは違います。アメリカ人はここには来ないし、来ても住んではいない。

日本人とは、一緒に話したり、何かしたりすることができました。上のランクの人ではなくて、下のランクの人です。仲良くできたこと。学校も別々だったし、差別もあったけど、一緒に交わることが出来たから、友達になれたから、昔は良かったと思っている人が多いと思います。だから中には日本人と結婚したパラオ人もいたわけです」

上のランクとは、役人や本土からの移民のこと。下のランクとは沖縄県移民のことだ。パラオ人にとっては、沖縄出身の日本人と仲良くなれたことは嬉しいことだった。

朝鮮では、就学児童が少ないこともあって日本文化の浸透は思うようにはいかなかった。しかし、台湾では日本文化の浸透性からも、親日派が多いことからも、パラオと同じように同化政策はうまくいった。台湾でも朝鮮でも、程度の差こそあれ、日本移民と現地住民との接触もあったし、ある程度仲良くしていた時期もある。それなのに、パラオのように戦後になっても長期間続くような友情には発展しなかった。

台湾では、霧社事件といった抗日運動が行われ、朝鮮では、三・一運動を始め、独立運動が盛んに行われた。では、パラオに台湾や朝鮮と大きく違う結果を招いたものは、何だったのか。その鍵となるのが、現地の日本人にあった階層ではないかと筆者は考えている。そこで重要な意味を持つのが沖縄の人たちの存在だ。ルルさんはこう話す。

「私は一軒の家で沖縄の人と一緒に住んでいました。パラオの人と沖縄の人はとても仲良くしていました。日本人というより沖縄の人の方が良かった。隣どうしで、沖縄の人は豚が入るとくれた。私たちも何かいい果物とか入ったらあげた。このコロールではだいたいそうなっています。沖縄の人もここの生活を楽しんでいました。私たちが遊んでいる時は、学校は違うけど沖縄の子どもと大方一緒に遊んでいました。日本の人とは一緒に遊びませんでした。

パラオの女と結婚した沖縄の男もいます。子どもをたくさん産んだ女もいます。そのお父さんは戦後日本に引き揚げて、すぐにパラオに帰るつもりだったのに、帰れませんでした。それですぐにお母さんが亡くなって、子どもたちはここに残っています。子どもたちはミックスしています」

パラオ人のイモングさんもこう証言する。

「パラオの南洋神社のすぐ下にあったアルミズという部落に、たくさんの沖縄の人がいました。うちのそばにあった。うちのお父さんの土地を借りていました。今になって思えば、あの時、日本人と沖縄の人は区別があった。学校から帰ると沖縄の子どもたちと遊んでた。学校は違うけど、一緒に遊んだ。そのために早く日本語覚えました。遊んでる時はたいがいみんな日本の言葉で話してた」

フローレンスさんは言う。

「私より年上のパラオ人たちは、日本人でも下のランクの人たちとは友達になって仲良くしていました。彼らは友達です。一緒にお酒を飲んでいました。禁止されていましたから、隠れて飲んでいました。パラオの人が日本人のうちへ新鮮なお魚を持って行って、刺身を食べながらお酒を飲んでいました。でも、これは沖縄の日本人でした」

だから日本時代が良かった

本土出身の移民も、沖縄県出身の移民も、同じ日本人だ。表向きは身分に上下はない。しかし、パラオ人の目にはそう映っていなかった。台湾や朝鮮と大きく違う結果を招いた理由の一つとして、日本人間に存在したランクがあったのではないか。島の人たちは、沖縄の人たちの様子をこう話す。

「沖縄の人は沖縄の人、日本の人は日本の人。僕は今でも、これが日本の人、これが沖縄の人ってわかります。見た目でも話し方でもわかります。アクセントが違います。食べる物も違いました。沖縄の人は犬とかうなぎをよく食べていました。日本のうなぎと違って、パラオのうなぎはちょっと硬いけど、いつも沖縄の人が捕って来て調理して食べていました。犬もよく食べていました。犬の肉も美味しいです。犬はいっぱいいましたから、そのへんのを捕まえてきて食べていました。日本の人は犬は食べませんでしたけど、ウニをよく食べていました。ウニはいっぱいありましたから。

沖縄の人たちのうちは、小さなうちでした。そこで野菜をつくったり、魚捕ったりしていました。それでだんだんお店ができるようになった。二、三軒ありました。毎朝、魚とか野菜とって、ざるに入れて、それを担いで、『ナッパー（菜っ葉）、ナッパー、美味しいナッパーありまーす。魚もありまーす』って村の中を売り歩いていました。僕らはうちにいて、買いに行かないで沖縄の人から買っていた。たいがい沖縄の人がそういう商売をやっていました。お豆腐やもやしなんかも売り歩いていました。『美味しいナットーありまーす。ハラゴもありまーす』。カツオの腹子のことです」(スソニンさん)

「沖縄の人は日本人と同じ生活をしていました。ただ変わっていたのは仕事です。マングローブがあったから、一人でマングローブ林の中に入って、薪を作っては売っていたんです。これは沖縄の人だけがしていた仕事です。薪とか炭とか。マングローブ林には木がたくさんありました。それを切っては炭焼き場に持って行って、焼いて炭を作ったり、薪を作ったりして売るんです。それは日本人はやらない仕事でした」(ルルさん)

「沖縄の人はバベルダオブのマングローブ林に住んで、木を切って、板にしてコロールで売っていました。板の需要が高かったから大もうけしました。炭も作って売ってお金にしました。魚も『サカナー、サカナー』と言って売り歩いていた。パラオ人は皆『私はあんな事できないよ、だって私はパラオ人なんだから』って」(ウイリーさん)

パラオ人は、沖縄県移民と本土移民の職業の違いや習慣の違いを明確に把握していた。

ペリリュー島でもコロール島でも、沖縄の人たちは魚や野菜をリヤカーに載せて売り歩いていた。それをパラオ人が客となって買っていた。

パラオ人にしてみれば、もともとプライドが高いうえに、同化教育によって、自分たちは日本人、あるいは日本人に非常に近いという教育を受けた。それは、同じ日本人ではあるが、決して沖縄の人のような日本人ではなく、本土の日本人を指していた。

つまり、「自分は本土の日本人に非常に近い」「沖縄県移民よりももっと日本人に近い」と思うことができた。彼らは自分たちを本土の日本人より下ではあるが、沖縄県移民よりは上。上と下のランクの中間、本土移民と沖縄県移民の中間的立場と感じていたのではないだろうか。

異なる出身地のグループが存在したことによって、パラオ人は自分たちが統治され、差別されているとしても、底辺ではないと思うことができたのだ。統治されてはいても、一番下ではない。そういう意識があれば、プライドも保たれ、差別されているという意識も薄れる。実際には沖縄県移民と同じ学校には行けず、高等教育も受けられず、給料も沖縄県移民より安く、日本人になれるわけでもないという矛盾を抱えていたのだが。そのため、スペインやドイツ時代のような反抗的な行動もしなかったと考えられる。

また、そもそも沖縄とパラオはどちらも海に囲まれた島で、気候も似ている。南国の人が持つおおらかさや明るさ、面倒見の良さといった人柄や、仕事も生活習慣も共通していた。そうした元々共通した属性にお互いが惹かれ合ったことも、いっそう仲良くなることに拍車を掛けたとも言える。さらに本土移民、パラオ人、沖縄県移民の三層になるグループをより一層強く結び付けたものがある。役人の存在だ。

同じ日本人でありながら報酬や賞与は高く、立派な官舎に住み、金ボタンと肩章のついた白いスーツを着て白い帽子をかぶる一流大学出身のエリートたち。結果的に彼らの存在が、「役人以外」の日本人と現地住民との結びつきを強めてくれたようだ。

権力を行使し、偉そうにしている役人の前で、本土出身の民間人も沖縄県出身の民間人も、同じ日本人なのに小さくなっている。萎縮する彼ら民間の日本人の姿をパラオ人が見れば、自分たちパラオ人と同様に「差別されている仲間」として映ったのではないだろうか。だから、自分たちパラオ人が上中下の三層の中間に位置し、日本の民間人とも沖縄の民間人とも、より一層仲間意識が強化され、仲良くできたのだろう。

それでも戦争で被害を受けたのは事実なのだから、終戦後は日本ではなくアメリカを贔屓にしてもよいように思えるかもしれない。しかし、そうならなかったのには理由があった。

第九章　アメリカは幸せをもたらさなかった

ミクロネシアを手に入れたかったアメリカ

日本人が去った後、ミクロネシアはどうなったのだろうか。

ミクロネシアがどこの国に属するのかは、戦後しばらく決まらず、人々は無国籍の状態に置かれていた。

アメリカは日本との戦闘が当初の予想よりもかなり長期化したうえに、予想をはるかに上回る多くの人命と費用を犠牲にした。また、ミクロネシアの軍事的価値が高いことを認識していたため、なんとしてもミクロネシアを自国の領土にしたいと考えていた。

現実問題として戦後すぐに占領したのはアメリカだったのだが、それでも即座に自国領とできなかったのは、パリ講和会議での取り決めがネックとなっていたからだ。あの時、日本には軍事的利用を禁止した手前、簡単に軍事基地を作るわけにはいかなかった。

それでも何とか手に入れたかったアメリカは、一九四七年、国際連盟の委任統治制度を継承するという理屈で、ミクロネシアをアメリカ施政下の信託統治領とするということで、国際連合の承認を得た。

これと同時に、アメリカ人も含む人の出入りを原則禁止にした。軍事上の理由で外国人の流入を避ける必要があったことと、ミクロネシア人が再び外国の影響を受けて不幸に陥らないようにするため、というのが理由だった。そのため太平洋戦争中、一時的に自国に引き揚げていた宣教師は島に戻れず、調査目的の研究者さえも入ることが出来なかった。

ミクロネシアへの交通手段も、アメリカ海軍の艦船か飛行機以外にはなく、海軍の特別な許可がなければ入国できなかった。ミクロネシア内の移動さえも禁止されたため、人々は全くの孤立状態に置かれた。

アメリカは戦略上の理由から、ミクロネシアを他国の目に触れさせないようにする事に専念した。それ以外のことには、ほとんど関心を持たなかった。島の人々に若干の行政経費や食料を供与して、最低限の生活は保障した。しかし、それだけだった。

住民に何かを強要するわけではなく、強い指導力を発揮するでもなかった。こんな状態が一九六〇年代まで続くことになる。

残されたパラオ人の困窮生活

アメリカという新しい統治者を迎えることになったパラオ人たちにとって、当初の期待は大きく、人々はこのように考えていた。

「他国に占領されても、ドイツ時代から日本時代になって、生活レベルも上がり、良い時代になった。だから、日本時代からまた新しい時代になるということは、日本時代よりももっと良い時代になるに違いない」

しかし、アメリカ側に大きな問題があった。戦前の日本統治時代も特別な許可がない限り、外国人はミクロネシアに入ることはできなかったため、アメリカは日本統治時代のミクロネシアを知らなかったのだ。彼らは島が経済的に栄えていたことなど知らなかった。太平洋戦争が終わり、バベルダオブ島の疎開地からコロール島に戻って来たパラオ人たちは、ボロボロの衣服をまとっていたし、アンガウル島の洞窟の中で何ヶ月も過ごしたパラオ人たちは、お腹を空かせ、体中が汚れ、悪臭が漂っていた。それを見たアメリカ人はそれがパラオ人の真の姿だと思ったのだ。

彼らにとっての島民のイメージは、「原始的な生活をしていた」ということだけだった。だから最低限のものだけ与えていれば、満足するだろうと考えていた。近代的な生活を与えて、パラオの今までの原始的な生活を混乱させてはいけない、という考えが根底にあった。パラオ人は食器を使わず、西洋風の服も着ない。毛布もいらない。ラジオや靴といった近代的な物があることすら教えるな。海兵隊員たちはそう指示された。

戦後アメリカが入って来るなり、パラオ人たちが突然経済的に苦しい生活を強いられるようになったことなど、アメリカ人には知る由もなかった。きれいなドレスを着て、パラソルをさし、豊かで文化的な生活をしていたパラオ人など、誰も想像すらできなかったのだ。

パラオ人たちは不安だった。椰子の木も多くが、戦争で倒されてしまった。コプラは作れても、それを買い取ってくれる日本人はもういない。カツオ節工場は壊され、カツオ漁の沖縄県移民もいない。自分たちを雇ってくれた日本人もいないのだ。

パラオ人たちには職がなく、食べるためには慣れない自給自足の生活に戻るしかなかった。日本統治時代は、野菜も果物もコロールの野菜市場でお金を払って手に入れていたのだから、畑仕事などほとんどしたことのないパラオ人も多くいた。アメリカ人に訴えたくても言葉は通じないし、通じたところで、なかなか信じてもらえなかった。

日本統治時代の建物はすべて壊された

アンガウル島やペリリュー島は戦場になったため、徹底的に破壊され、木一本すら残されていなかった。島の住民が疎開先から戻った時は、畑でイモすら育てられないほどになってしまっていた。

疎開先のバベルダオブ島からペリリュー島に帰ったトミエさんは、こう話す。

「帰った時はみんな痩せていました。戦争が終わってペリリューに着いた時、島にはもう何にもなかった。死体もひとつもありませんでした。あたりを見渡すと、ずーっと何にもなくて木もなくて、隣のアンガウルまで見えました。前は森があったのに、はげ山になっていました。私のいた部落へ行ってみると、畑とか田んぼが平らな道になっていました。

だからタピオカやサツマイモを植えるいい場所がありません。何を植えてもヘタッとなっちゃって、育ちませんでした。それでもペリリューの人たちはちょっと運が良かったんです。戦争中は兵隊がたくさんおりましたから、広い場所に兵隊の住んでいた兵舎がありました。みんなそこに住むことにしたんです。今みんなが住んでいる場所は昔の部落ではありません。今はみんなその兵舎があったところに家を建てて住んでいます。そこならサツマイモも育ちますから」

コロール島のように戦場にならなかったところは、空爆は受けたものの、かなり建物も残されていた。植本さんが言う。

「建物はだいぶ空襲でやられちゃったけど、たくさん残っていた。コロールは半分以上残っていました。官舎とか裁判所とか大きな建物は残っていた。アメリカ人が燃やせと言って燃やしたという話もあるけど、僕は知らない。神社はもうすでになかった。あそこはアメリカの海軍の本部になったから。戦争中にはもうなかった」

私が滞在中、「日本兵が泣きながら悔しそうに壊しているのを見ました」という話を聞いた。また、「アメリカ兵が舗装された道路を壊して、長いコンクリートの破片を引っ張って運んでいるのを見ました」と言う人もいた。誰も壊した理由を知らなかった。なぜ壊す必要があったのだろう。アメリカは三十年間統治して、島中の人々の心に深く浸透した敵国である日本の文化や、日本人への思いなどを、すべて消し去ってしまいたかったのだ。

壊されたものは、建物や道路だけではなかった。滑走路、波止場、船の定期便、交通機関、給水装置、発電施設、電話、タロイモ畑、教育システム、文化、習慣……。もちろん、日本人との友情もこの時点では失われてしまっていた。

パラオ再建のためにコプラを作る試みもあった。そのためには椰子の木が必要だ。もっとも、何千本もあった椰子もみな失われ、再度コプラをつくるまでには、十年近くはかかるだろうと思われた。結局コプラ産業も、戦後だいぶたってから復活したが、椰子油の世界的な需要が減少したために、戦前のレベルまでには達しなかった。

人生が大きく変わった指導者たち

何もかも失った島民たちは、日本統治時代に世話役だった指導者たちも失った。公学校入学時に、入学手続きやら何かと世話をしてくれた人たちや、コプラを作る際に、作り方やら売り方など面倒を見てくれた人たちだ。

日本統治時代にはまだ若く、働き盛りで、指導的役割を負った世代の島民たちは、もはやその役割を担えなくなっていた。彼らはアメリカの作った新しい秩序の下で生活するには、年を取り過ぎていた。新しい学校で英語を新たに学ぶにも、アメリカの提案した指導者養成講座に参加するにも、年を取り過ぎていた。日本統治時代に島民たちの先に立って指導し、活躍したパラオ人たちにとっては、戦後はとても困難な時代となった。

そのような人たちは、かつては若いエネルギーを、日本語の勉強に費やし、日本の文化や日本人の考え方を受け入れ、希望に輝く未来ある若者たちだった。それが戦争によって、その未来がなくなってしまったのだ。彼らこそ、最も悲惨な戦争の犠牲者ではないだろうか。悔しそうにこんな話をする人もいたという。

「もし戦争がなければ、かなり高い地位にいたはずです。だって私は建築会社の監督をしていましたから」

「もし戦争がなければ、私は日本に留学していたはずなんです。日本から来る地位の高い役人の通訳の仕事をしていました。戦争前にはすでに留学が決まっていて、行くことになっていました。五十年たった今でも行けなかった事が残念でなりません」(Poyer, Falgout & Carucci『The Typhoon of War』より筆者訳)

アメリカに馴染んだ新しい指導者たち

もちろん、アメリカ統治下でより若い世代が英語を学び、リーダーシップを発揮できれば問題はなかったのだろう。しかし問題は、アメリカはそのような役目を現地の人々に期待はしていなかったという点である。アメリカにとって好ましいのは、自給自足の生活を好み、彼らの統治政策に協力する人たちだった。好意的に捉えれば、アメリカの政策は、「パラオの伝統を尊重する」ことに重点が置かれたものだと言える。そのためかつての伝統的酋長が再度権力を持つことになったのである。

一方で、日本統治時代に中心的な役割をしていた人は、日本人を尊敬し、日本人になることに誇りを持ち、依然として日本的な考え方をしていた。二十年もの間、日本の教育を受け、日本語を話し、それなりの高い地位にあったのだから当然だろう。しかし、そうした人たちはアメリカ人からは敬遠された。

こうして戦前の地位を失った者たちは、戦争が人生にとっての大きな転換点となった。「日本時代は良かった」と思う気持ちをより強く持つようになる。また、将来への望みを絶たれ、自分がかつてのようには認めてもらえないことで、アメリカに対して反発心を持つようになった人も少なくない。

日本統治時代には、それなりの高い地位にいて、戦後はアメリカの学校を卒業して、再び高い地位に就くことができた者も少人数ではあるがいた。こうした人たちは日本とアメリカの違いを明確に認識し、うまく振る舞うことができた。

戦後はそういった者たちが中心となり、日本統治時代とは違ったアメリカ的な考えを発展させ、パラオに広げた。彼らはパラオが独立するまで自分たちの主張を曲げず、威厳をもって、アメリカと交渉を重ねることとなる。

アメリカ型「自由」の弊害

アメリカにさほどの悪意があったわけではない。彼らは日本時代にはなかった素晴らしいものを、ミクロネシア人たちに提供するつもりだった。「自由」である。

アメリカのやり方はドイツや日本の統治者とはまったく違う、我々はミクロネシアの資源には興味がなく、資源を利用するためにやって来たわけではない。このことを何度も強調した。つまり、あれこれ指図はしない放任主義、自由主義であるということだ。

しかし、パラオの人々にとって「自由」という言葉は聞いたことがないものだった。教科書にも載っていなかった。

「自由」とはどういう意味だろう。それを考えていくと、日本統治時代には厳しく管理されていたお酒がこれからは飲める、ということではないか。カバ酒も「自由」に飲めるのだ。こうして彼らにも「自由」という意味が理解できるようになった。お酒が「自由」に飲めるようになったことが、日本とアメリカのもっとも大きく違う点であった。

アメリカの海兵隊員たちは、若者たちにお酒の作り方を教えた。アメリカ人とお酒を飲みかわす楽しさを知った若者たちにとって、お酒は「自由」の象徴となった。問題はそれによって泥酔する者、盗みを働く者が出てきたことだ。年配の者たちは、若者たちは言うことをきかないといった不満を持つようになった。日本統治時代は、お酒に厳しく飲むことはできなかったけれど、酒によるトラブルもなかったからだ。

ところが今やお酒の厳しい規制がなくなっただけではなく、麻薬やマリファナにも手を出す者がいる。しかし、こんな「自由」は良いものなのだろうか。厳しい取り締まりのあった日本統治時代の方が、「自由」な今よりずっと良かった。アメリカの言う「自由」が入ってきて十年もすると、日本統治時代にも「自由」はあったことや、アメリカになって「自由」のとらえ方を間違えたことに、年寄たちは気がついた。トミオさんが言う。

「戦争が終わって、アメリカが来て、だいぶ違った生活になりました。アメリカ人は日本人と違って、『おまえたち、あれやれ、これやれ』っていっさい言わないで、『おまえたち、自分でやれー、好きなようにやれー』って。だからそこで私たちは初めて自由って何なのかアメリカ人から学びました。その自由とは、何でもしたい放題、好き勝手にやっても良いことだと受け止められた」

戦後すぐは戦争から解放されて、アメリカになって良かったと思われた時もあった。しかし、今になって島民たちは、「自由が間違って理解された」と言う。宴会もカバ酒も自由。もう酋長の言うことなんて聞かなくてもいい。これでは秩序というものがない。年寄たちは「自由」は危ないと警告していた。ルルさんも言う。

「近くに住む若い娘は結婚もしていないのに、子どもが三人います。父親は全部違います。男たちは子どもが出来たとわかったら、みんな逃げてしまいました。だから、今その若い娘の母親が三人の孫の世話をしています。娘は働きに出ています。日本時代は子どもが結婚しないで生まれたら、みんなから白い眼で見られたものなのに、今は結婚しなくても平気で子どもを産む。私生児はたくさんいます。今の若い人は自由になったのだから、何をしてもいいと言って、年寄の言うことなんか聞きません」

スソニンさんも言う。

「アメリカは自由すぎる。学校で乱暴しても喧嘩しても、先生は殴らない。日本の学校では先生に殴られたけど、良いことと悪いことを教えてくれた。今の子どもたちに怒ると、『今と昔は違う』と言われる。殴られたからこそ、私たちは学ぶこともできた」

逆戻りの経済発展

日本統治時代の繁栄は、日本の資本と日本人の労働力によって開花したものだった。だから、日本人が引き揚げると同時に、経済も引き揚げられた。とくにコロール市のような都会では、日本人の消滅と同時に文化までもが消滅した。

戦後最初の年は生活レベルがガタンと落ちたが、戦争中の辛い生活から解放され、アメリカ軍によって多くの物資が供給され、豊かになるかと思われた。若者はアメリカのような生活に憧れた。家、机、いす、食器など、西洋風なもの。何でも無制限に欲しい物が手に入るように思われた。しかし、現実にはそのようなことは決して起きなかった。

アメリカはパラオ経済の将来的展望を考え、日本統治時代の経済レベルに回復するような経済発展を考えた。しかし、パラオ人は徐々に疑問を感じるようになる。お米の生活からタロイモの生活になるなら、土を掘らねばならない。タロイモの栽培などの農耕生活が、なぜ逆戻りでなくて発展なのだろうか。多くが日本企業で働いたり、建築業を営んだりしていたのに、新しい時代になって、魚の網を繕う仕事や古いやり方の建築をするようアメリカ人に指導された。アメリカの経済発展政策は、「ゆっくりと逆戻りして悪い方向に向かう」ようにしか思えなかった。

島民たちはだんだんはっきりとわかってきた。アメリカ人たちは、島民たちの生活レベルは、最低限の生活で十分だとしか考えていないということが。日本統治時代に経験してきたような、国際社会にも通じるようなレベルの生活を、自分たちは二度と経験することなどないであろうことが。

戦前に貯蓄したお金も戦争中に使ってしまい、あったとしても、ドルに交換するには金額が制限され、交換条件が非常に悪かった。比較的裕福だったあるパラオ人は二千四百五十ドル分の日本円の郵便貯金があったが、それを下ろしたら七百五十ドル分の円にしかならず、それをドルに交換したら十ドルになってしまったという。戦前は一日一ドル十セント分稼いでいた人も、戦後は同じ仕事をしても二十五セントにしかならなかった。

「動物園」政策

しかもアメリカがきちんと援助したのは一九四七年までだった。その後は、島民たちが必要とするお金よりもはるかに少ない金額しか援助していない。予算も経済発展のための計画もなく、ただ海軍が管理して最低限の生活をさせるだけだった。

パラオ人たちは、日本統治時代には当然のようにあった、舗装道路や銀行や新聞も必要と考えた。ところが、アメリカの海軍にはそんなものを作るつもりも与えるつもりもなかった。ペリリュー島に小さな基地があったために、将校十二人、下士官五十人ほどがいたが、一九四五年から一九四八年の三年間に長官が四人も替わった。

アメリカ人は、戦争で土地を破壊されたパラオ人をかわいそうには思ったものの、島民が直面している問題にまでは気を払わなかった。パラオ人から見て、アメリカが本気でパラオ人たちのことを考えているとはとても思えなかった。

一九五〇年になってようやく国連が視察団を送り、調査することになる。その調査で多くのことがわかった。経済的に非常に困窮しているため、早急に経済的救済をする必要があること。アメリカの政策はミクロネシアの人々の役には立っていないこと。人々はもっとお金を必要としているし、賃金労働の機会も必要。船の行き来もなさすぎること。輸入品も欠乏していて、供給不足であること。

一九五一年には、海軍の統治から、民政に変わり、海軍はすべて引き揚げた。公共の仕事が増え、補助金も増加した。だが、決して十分な金額ではなかった。戦争のためには巨額の費用を費やしたアメリカだったが、ひとたび勝ってしまえば、島の人々のために使う金はないと考えているようだった。

そして、住民たちには出来るだけビジネスに精を出すように勧めた。木工徒弟養成所の卒業生には大工仕事を、その他、養鶏、漁業、パン屋などの仕事に励むよう勧められた。しかしながら、商売相手は島内に限られ、能力はあってもたいした商売にはならず、結局は自給自足の農耕生活をするしかなかった。

十年もすると、ミクロネシアを訪れた人たちは、ミクロネシアの政策は動物園に似ていると気づいた。動物に餌を与える代わりに、補助金を与えているだけだ。そのため、「動物園」政策だと激しく非難されるようになった。「まだ戦争中の方が良い生活をしていた」とまで言われるようになった。日本統治時代は離れ小島でさえコプラを生産したり、民芸品を作ったり、それなりの生活レベルがあった。それが今では、安全だけは守られていたものの、生活レベルは貧しいとしか言いようがなかった。貴子さんが言う。

「アメリカの時代になってガラリと変わりました。アメリカはやり方がひどい。ほったらかしです。遊びたければ遊べ。酒飲みたければ飲め。学校行きたければ行け。アメリカの学校へ行った人もいますよ。行っても続きません。学校をまともに卒業した人なんか指で数えるほどしかいません。動物園みたいに、餌だけ与えておけばいいって」

アメリカの信託統治制度

一九四七年に委任統治制度を継承する形で信託統治制度が始まった。名前こそ変わったものの、これはアメリカの権限を主張した制度だ。アメリカがミクロネシアに対する行政、立法、司法の全権を有し、アメリカの法律をミクロネシアに適用できることを定めた制度である。注目すべき点は、第二次大戦後、信託統治領となったのはミクロネシアだけでなく、他の地域、たとえば、オーストラリア施政下であるニューギニアやニュージーランド施政下の西サモアなど十一の地域が信託統治領になったことだ。

しかし、この中でミクロネシアだけが「戦略地区」として指定された。軍事基地を設け、軍隊を駐留させ、安全保障上の理由からアメリカはいかなる区域も随時閉鎖することができるとされた。そのため、一九六〇年代までミクロネシアのほぼ全域が外部との行き来が極端に制限されることになった。日本がミクロネシアと往来できるようになったのは、一九七〇年代になって、アメリカがベトナムや沖縄からベトナム戦争の戦闘員を撤退させてからだ。

ともあれ信託統治領という名の下に置かれたということは、将来の自治、独立に向けてアメリカが協力するということが建前だった。しかし、実際には信託統治とは名ばかりで、外国の干渉を排除し、ミクロネシアという戦略的に有利な地域を自国に組み入れ、統治を続けることができるようにしていた。あくまでもアメリカの目的は、この土地を有事の際に軍事的に利用することにあった。実際、朝鮮戦争でも、冷戦下でも、防衛面で利用することができたし、ベトナム戦争時には空軍の拠点となり、軍の集まる場所になった。CIAの活動にも使われ、高性能ミサイルや核実験の場所としても使われた。

ケネディが状況を変えた

このように海軍には戦略的な目的が明確にある一方、この地域をどうするかといったことは不明瞭だった。いずれ現地の人々の独立を促すのか、それともアメリカに従属した状態を継続したいのか。具体的な政策の実行はなく、放置状態が続いた。そのうえ、現地に送り込んだ役人の数があまりにも少なく、しかも現地に適応できず、充分な管理が出来ていないなど、政策面では大きな問題を抱えていた。

こうした状態が一九六〇年代の初めまで続いた。現地住民たちが放置された状態が十五年ほど続いたということだ。

この状況が変わったのは、一九六一年にケネディ大統領の政権になってからだ。ケネディは、ミクロネシアの島々をアメリカの領土にしようと考えた。しかし、当時はアメリカとの経済、教育、社会面など、すべてにおいて格差があまりにも大きかった。世界的な反植民地主義の流れから、植民地にするわけにはいかず、併合という形を取るには、格差が大きすぎる。これでは、アメリカ国民に対しても、国際社会に対しても、理解してもらうのは難しい。

そこで、ミクロネシアの人々の生活水準や教育水準を上げる必要があると考えた。その上、ミクロネシアの人々の希望で併合するという形を取りたかった。そのためには何をすべきか、具体策を構築する必要があった。

一九六一年、まず、国連の視察団がミクロネシアに送られた。その報告書には、経済がまったく進展のないまま、あまりにも長く経過したのは、経済を発展させようとする努力がなされなかったからだと強く批判された。

その後もハーバード大学のソロモン教授らそうそうたるメンバーが調査のために現地へ送られた。十月には報告書が提出され、英語教育に力を入れることで、近代化を図るなど、さまざまなプログラムが提案された。

ところが、それから六週間後にケネディ大統領が暗殺されたため、計画の実行は先送りとなった。その後も専門家からなる調査団が送られたり、様々な調査や研究がされた。どの報告書も、生活レベルの向上をはかることが重要だが、最終目的はアメリカとの「永久的な政治的関係を持つこと」だと結論づけている。要するに独立国家ではなく、アメリカの属国になるべきだということだ。

計画を実行に移す時がきた

アメリカとの合併を成功させるために、まず行政費を増額することから始まった。

一九六二年に六百万ドルだった予算は、翌年一九六三年には一気に二・五倍の千五百万ドルに引き上げられた。一九六五年には三千五百万ドルに増額され、その後も年々増額され、一九七九年には一億四千万ドルにまで引き上げられた。

一九六五年からは行政費の増額だけでなく、人も送り込んだ。一九六六年、最初の平和部隊ボランティア数は三百二十三人。ほとんどが新卒の若者たちだった。保健衛生や技術者の不足を補うためと、小学校の英語の教師としての仕事が割り当てられた。一九六七年には四百五十二人と急増。一九六八年には九百四十人を送り込み、島民の百人に対して一人の割合で平和部隊ボランティアが仕事に就いた。

政府の職員や医者も続々と送り込まれた。政府職員は、主に町の中心で管理的な仕事に従事した。平和部隊は主に英語の教師として、離れ小島にも送られた。現地語から英語への転換が積極的に行われ、現地住民のアメリカ化の試みは一気に加速した。これらは日本の同化政策のアメリカ版といったところだ。

十年もすると、平和部隊にもっと専門知識のある人がいれば、より発展に貢献できるはずという考えから、会計士、経営コンサルタント、消費者信用組合員、都市計画企画者、建築技師、重機操縦者、漁業アドバイザーなども送り込まれた。平和部隊のボランティアたちは、英語教師というだけでなく、経済発展のために活躍するようになる。

しかし、問題は大きかった。漁業、農業、旅行業などにも力を入れたものの、インフラも技術も不十分。市場も不安定。ボランティアたちは不満を募らせるようになる。

島民たちは何事に対しても我慢ができない。どんな仕事を与えても島民からは苦情が出る。生活がゆっくりで、時間の観念が違う。仕事の要求が島民たちには重すぎるなど。何をやってもなかなかうまくいかなかった。島民たちからも平和部隊のやり方に苦情が出るようになっていった。

働かなくても収入が入る仕組み

そんな中、政府雇用枠は大幅に広げられていた。要は公務員の数が急激に増加したのだ。本来なら、税金収入を公務員の給料に充てるべきだが、地場産業の発展がないため、税収入がない。アメリカの補助金を公務員の給料に充てたのだ。補助金が増えれば、公務員の数も増える。公務員になった者は、働かなくても給料がもらえるようになった。

私がチュークを訪れた際、道端で一日中ぼんやり過ごしている男たちをよくみかけた。「彼らは何をしているのか」と地元の人に聞いてみると「公務員だ」という。

「あの人たちには事務所も机もない、その上、仕事もない。給料だけはもらえるので、毎日ぼんやり過ごしているのだ」

アメリカは経済的に自立できるような社会構造に変えないまま財政支出を続けた。その甲斐あって戦後長い間待ち望んだような商品も出回るようになり、現金も手に入るようになった。

ところが、道路の補修や公共施設の建設のための技術はない。地場産業もない。補助金を給料としてばら撒くしかなかったのだ。こうして自立どころか、かえってアメリカへの依存度が高まるという矛盾を拡大させる結果となった。アメリカの補助金がなければ、人々の生活が成り立たなくなったのだ。ウイリーさんがこんな話をしてくれた。

「今でも大統領やら政府の仕事している人は、アメリカの補助金を自分のポケットに入れて、私腹を肥やしてりっぱな家を建てた。島民はみんなそれを知っているけど、誰一人として文句を言わない。みんな心にしまって我慢している。たぶん社会が狭いから争いたくない。そんな性格がパラオ人の特徴なのかもしれない」

こんな話を他の人からも聞いたので、大統領の家を見に行った。たしかに見上げるほど立派なお屋敷だった。

ミクロネシアが四地域に分裂

一九六五年、ミクロネシア議会が発足した。一九六九年からはアメリカと将来の政治体制構想である自由連合協定の内容について交渉が始まる。自由連合協定といえば聞こえは良いが要はアメリカが、ミクロネシアを軍事利用できる体制を維持するということである。もちろん、見返りとして経済援助は行う、という取り決めだ。

当初は、ミクロネシア全体を一つとしてミクロネシア連邦を作ることで話が始まった。パラオは日本統治時代に南洋庁が置かれていたこともあり、「自分たちがミクロネシアをまとめなくては」という責任感もあって、首都をパラオのコロール市に置くことを条件に交渉を進めた。

一九七四年、マーシャル諸島は連邦から離脱し、独自の政治体制交渉を開始した。一九七六年には北マリアナ諸島（サイパン島、テニアン島、ロタ島）も離脱。彼らはアメリカの自治領という政治的地位を選択し、信託統治終了後はアメリカ領となった。

パラオはといえば、連邦に加わるかどうかの住民投票が一九七八年に行われた。その結果、過半数の住民がミクロネシアの連邦化からの分離独立を希望。統一ミクロネシアから分離して、独自の憲法下で国家建設をすることになった。信託統治の島々は残りのヤップ、チューク、ポンペイ、コスラエの四地区からなるミクロネシア連邦、パラオ諸島、マーシャル諸島、そして北マリアナ諸島の四区域に再編成された。

パラオは独立しても、アメリカの経済援助が必要だ。経済援助がなければ、暮らしていけない。しかし、そのためには軍事拠点となることも飲まざるをえない。これが難題だった。

パラオは日米戦争に巻き込まれただけではなく、戦後もマーシャル諸島のビキニ環礁やエニウェトク環礁では核実験が繰り返し行われていた。パラオとしては太平洋がいつまでも平和であることを望むが、アメリカへの軍事基地の提供を拒めば、補助金が絶たれ、永久に独立できない。パラオは難しい岐路に立たされていた。

一九七九年、パラオは憲法草案を起草した。そこには住民投票で四分の三の賛成がなければ、核の持ち込みができないとする非核条項が盛り込まれた。予想通り、アメリカはこれに反対をした。そこで、非核部分を修正するか、原案通りかの国民投票を行った。原案通りが七十パーセントで可決。一九八〇年、再度、国民投票を行ったが、七十八パーセントで再度可決。

このまま非核条項を盛り込むとなると、アメリカからの補助金が絶たれる危険性があった。しかし、パラオを支援する声が世界中の反核運動グループや活動家から上がった。こうした声を無視することができなくなったため、最終的にはアメリカは黙認せざるを得なくなり、一九八一年、非核条項を盛り込んだ憲法を発布。自治政府が発足した。

自由連合協定

一九八二年、パラオ、アメリカ間で自由連合協定が合意された。これはパラオの将来に向けた政治体制構想として、十年以上前から交渉を続けてきたものだった。一九八三年、第一回目の国民投票で国民の承認が得られず、その後、七回、十年にわたり、同じ投票が延々と繰り返された。原因は国内政治にあるとされている。

一九九三年、八回目でようやく承認され、一九九四年、パラオは独立した。これで、信託統治が終了となり、自由連合協定を締結。アメリカの自由連合国、パラオ共和国となった。植本さんがこんな話をしてくれた。

「アメリカから補助金もらうようになったら、何でもお金で物事を解決するようになった。お金で人が動くようになってきた。選挙でもお金をたくさん使う。演説しないで食べて飲んで大騒ぎして、お金ばら撒いて、お金があれば、能無しでも当選する。選挙でお金くれれば、くれた人に投票する」

何度も同じ選挙を繰り返したところを見ると、これも本当の話のようだ。パラオはあたかも独立したかのように受け止められているが、経済的には自立の見通しはつかず、アメリカからの経済援助抜きでは考えられない独立だった。援助の見返りとして、軍事目的でアメリカはパラオを使用できる。アメリカ以外の第三国に対し、軍事目的による接近はアメリカの許可がない限り、永久に閉ざされる。

つまり、アメリカにとって、最初の目的であった「パラオとの永久的な政治的関係を持つこと」は実現できた。しかし、ケネディが目指したミクロネシアの併合は、財政負担が永久に続く結果となった。米ソ冷戦で緊張していた時代は、アメリカにとってパラオは戦略的価値の高い島だったろうが、冷戦構造が崩れた今、多額の財政援助をする価値があるのだろうか。植本さんが続ける。

「パラオは独立したけど、まだアメリカから援助してもらっている。コプラはもう作らない。今はみんなアメリカの補助金で暮らしている。その補助金はほとんど公務員の給料で消える。公務員とは名ばかりで仕事なんかしていない。給料は二週間毎にもらう。給料もらうと、銀行へ行って借金を返す。給料もらって二、三日したらもう金がない。ほとんどの人が残りは土日に使っちゃう。貯金はほとんどしない。戦後は急に自由になって、自動車がほしい人は仕事しない人でも、銀行からお金借りていい車を買う。公務員で働かなくても収入はあるので銀行は金を貸してくれる」

たしかにパラオの町は車が数珠つなぎで、いつも渋滞している。車体に日本の会社や商店の名前が漢字で書いてある車が多い。ほとんど日本の中古車だ。こんなに車が動かないのでは、歩いた方が早いが、暑いので道を歩いている人などほとんどいない。みんな冷房をかけて涼しい家の中にいるのだ。車内も冷房で涼しい。信号もないので、道を横断するのに車を止めなければ、渡れない。

アメリカの財政援助は、パラオのためになっているのだろうか。そのおかげで生活は出来たとしても、働く気力が永久に起きないのではないだろうか。

老人たちは言う「だから昔が良かった」

日本統治時代を経験した老人たちは、豊かで秩序ある近代的な生活を知っている。公学校で教育を受け、日本人と共に働き、多くを学ぶ機会に恵まれていた。しかし、若者たちは戦後アメリカに放置され、充分な教育も受けられず、貧しい惨めな時代を過ごしてきた。

そんな時代が十五年も過ぎた頃、アメリカ人と接し、アメリカの文化に触れ、アメリカの製品を使い、「これこそが自分たちの欲する生活だ」と思うようになった。もう伝統的なダンスには興味なく、アメリカのダンスを踊る。白いご飯に牛肉だけが自分たちの食料だと思う。子どもたちはアメリカの影響を強く受けるようになる。

老人たちはみんな口を揃えて、アメリカ時代の不満を私に訴えた。生き生きとした表情で日本統治時代の話をしていた顔が、アメリカ時代の話になると、表情が曇った。

「アメリカになって食生活も変わりました。日本時代はお米も食べましたけど、主食はイモでした。アメリカになってからは主食がお米になりました。もうタロイモは作りません。どこの家へ行ってもお米のない家はありません。カリフォルニアのお米です。それと、魚を捕って食べることもほとんどなくなりました。みんなアメリカからきた肉を食べています。だからお金が必要なんです」

「昔のパラオ人はみんなスマートでした。タロイモの文化がありましたから。筋骨隆々たるすばらしい体格をしていました。今じゃ、アメリカの安い肉食べて、みんな太っています。あれじゃ、椰子の木に登れない。もう登る人もいなくなりましたけど。タロイモは煮炊きが大変です。六時間もかけないと芋は炊けない。米なら三十分もあれば炊けます。みんな勤めているから時間をかけたくない。だからご飯は白米と肉。毎日そればかり食べています。野菜はほとんど食べません」

「今の母親たちは、母乳も子どもに飲ませません。もう、昔の古い習慣だと言って、アメリカの粉ミルクの缶を買って来て、水で薄めて飲ませます。お金がもったいないと、少ないミルクに多めの水を入れて飲ませます。だから、赤ん坊の様子がおかしくなって、病院で診てもらうと、栄養失調になっていました。そんな子、たくさんいます」

私がスーパーマーケットへ行ってみると、カリフォルニア米の大きな袋が四、五種類、山のように積まれていた。次々とお客が抱えて買っていた。冷凍庫の中には大きな肉の塊がたくさん入っていた。粉ミルクの缶もたくさん並んでいた。

ふと、棚に目をやると、日本のインスタントラーメンがぎっしりと詰まっていた。日本ではお馴染みの袋ばかりだ。手に取って賞味期限をみると、二年以上も前に切れたものばかり。日本の期限切れの商品はこういう所で安く売っているのだと思った。店の脇のゴミ捨て場には、大量のコカコーラの空き缶が積み上げられていた。椰子の実のジュースも飲まなくなり、コカコーラがその代りをしているようだ。アメリカ製のビールの空き缶も混ざっていた。

タロイモに代わって、アメリカから米と肉を輸入。母乳に代わって、アメリカから粉ミルクを輸入。コカコーラもビールもアメリカから輸入。アメリカにとってミクロネシアは大切な市場となった。ふと、「日本だって同じだ」と頭をかすめた。いつの頃だったか、戦後しばらく経った頃、誰が言い始めたのか、母乳より粉ミルクの方が良いと言われて、母乳を飲ませなくなった時期がある。もっぱら、粉ミルクが主流となった。お米だって同じだ。米よりパンが良いと言われて、アメリカから大量の小麦を輸入してパンの生活が始まった。アメリカの小麦が生産過剰で市場にだぶついていた時期だ。あれはアメリカの戦略だったのだろうかと頭の中をよぎった。

老人たちの話に戻そう。教育に関しても不満がいっぱいだ。

「パラオは教育のレベルが低すぎる。音楽も美術も授業がありません。教えられる先生がいないからです。パラオ語も使わなくなってきている。モデクゲイが日本時代には一時禁止されましたが、アメリカの時代になって復活して学校を建てました。そして、昔からあった本当のパラオの文化を教えています」

「アメリカの時代になって、自由に大学だって行けるようになった。でも行く人は少ない。行きたくても、能力もお金もない。お金持ちの子どもは大学へ行って、いい仕事について、またお金持ちになる。貧乏人はいつまでたってもみんな貧乏。いくら学問があっても、いい親戚のいない人は仕事がない。パラオで仕事見つけるのはみんなコネ」

チュークでも同じことが言えるようだ。第二章に登場した森小弁の子孫は、森家の親戚というだけで、コネでいい仕事が得られる。子どもも大学へ入れられる。だから、森家の親戚か、親戚でないかで格差が広がっているようだった。

太平洋戦争は大切な思い出

あの悲惨な戦争を経験して、年寄たちはどう思っているのだろうか。意外な事に彼らにとって戦争は、とても大切な思い出であり、忘れたくないもののようだ。

戦争体験は家族や友達といまだに語り合っている。写真も戦車なども大切に残されているし、戦争体験者同士の強いつながりもある。経験談も語り継がれている。歌も思い出。自分たちの歴史を伝えるうえで大切なもの。

「みんなが集まるような会合があると、よく戦争の歌を歌います。自分たちで作った歌です。ダンスに合わせて歌うのもあります。若い人も一緒に歌います。みんな知っています。テープに録音したのがありますから、何かの記念日とかにラジオでも流れます」

戦争の歌は、今も若い世代に歌われている。日本語と現地語が混合した曲が多い。

「戦後、行き来できるようになると、年配の日本人がたくさん、パラオに来るようになりました。たいていは昔の友達に会ったり、昔住んでいた家を探したり、引き揚げるとき置いていったパラオの家族を探したりしています」

残された戦争の跡、戦車、海底に沈められた戦艦なども、戦争を若者たちに語るうえでも、旅行客を呼ぶうえでも大切なものになった。経験していない若者たちにとって戦争は、人から聞いただけなので、日本時代は過去、アメリカ時代は現在というように受け止めているようだ。

「戦争の頃は子どもで、自分の親を戦争でなくしたり、戦争になって家が壊されたりした人は、日本人のことを恨んでいますよ。それは悲しいけど仕方のないことです」

戦争があったことで、日本統治時代は思い出のものとなっていった。島の人々は日本時代は日本時代、戦争は戦争と二つの違うものというように受け止めている。だからこそ、日本時代は黄金時代だと今でも語られているのだ。

「アメリカ人は、とっても親しみやすい言葉をかけてくれる。だけど、長期間友情関係を続けられるような友情ではない。長いこと友情関係を続けた人はほとんどいない。日本人の言うことの方がより明確だった。自分たちのようになりなさいって。上のランクの日本人はずっと上だったけど、下のランクの日本人は我々と変わらない。冗談を言えば、日本人も冗談で返してきた。アメリカ人とは冗談を言い合うようなことはない。それは、アメリカ人はみなランクが上だと感じているからだ」

「アメリカ時代になってから、アメリカ人に対して差別意識を感じるようになった。日本時代はそれを感じさせない時代だった」

そういったアメリカ時代への不満を年寄たちからたくさん聞いた。それが日本時代は良かったと思う気持ちをより一層強くしているように思う（参考：David Hanlon『Remaking Micronesia』、『The Typhoon of War』、小林泉『アメリカ極秘文書と信託統治の終焉』、矢崎幸生『ミクロネシア信託統治の研究』）。

おわりに

どうも植民地とか戦争とか言うと、戦後七十年の現在に至るまで、中国や韓国は日本人を責め、悪者扱いにし、叩きのめしたいようだ。それも、実際、日本人にひどい目にあわされた本人よりも、それを聞いた子どもや孫の時代になって、話の内容が雪だるま式に大きくなり、日本を憎む気持ちが増殖しているように思う。

もう、三十年も前の話になるが、私がニューヨーク大学の大学院にいた頃、授業中、私の前の席にアジア系の女子学生が座っていた。授業が終わるやいなや、後ろを振り返り、私に大声で叫んだ。「あなたは日本人か!」。「そうだ」と答えると、「私は韓国人だ。あなたの国が私の国に何をしたか知っているのか!」。教室を出ようとしていた他の学生たちがビックリして皆振り返った。「今の私たちとは関係ないことだ」と言ってその場は収めたが、興奮して高揚したその学生の顔は、今でも脳裏に焼き付いている。

日本にいると、韓国人の憎悪になかなか気が付かないものだ。日本に住んでいる韓国人は直接日本人と接しているせいか、日本びいきで日本好きな人が多い。旅行で韓国に行っても、日本人は客である。なかなか面と向かって日本人の悪口を言う人はいない。中国人にしても似たような事が言える。十年程前、サンフランシスコのホテルで開かれた、カリフォルニア大学主催の社会学会に参加した時の事だ。「戦争」がその時の学会のテーマであった。ホテルの広いホールに、大きなテーブルがいくつも並べられて昼食会があった。二百人かそれ以上はいたと思う。『ザ・レイプ・オブ・南京』の著者であるアイリス・チャンさんが招かれ、彼女のスピーチがあった。

その後、ひとりの老女が壇上に上がってきた。何をするのかと思ったら、突然着ている服の肩の部分を思い切り剝いだ。そして「皆さん、見て下さい。この肩の傷は日本兵に切られたあとです」。会場内でどよめきが広がる。私の席からは遠くてはっきりとは見えなかったが、司会者が「これはひどい。肉がえぐられています」と繰り返し話す。私はテーブルの下に隠れたい心境であった。

午後は私が発表する番である。テーマ別に分室に分かれた。私は南太平洋をテーマとする分室で二番目の発表だ。五十人程入るその部屋は、立っている人がいるほどの満席状態であった。一番目はマーシャル諸島出身の男性が自分の伯母さんの話をした。なんと伯母さんは戦争中、日本兵の慰安婦にされたというのだ。その伯母さんは今でも元気でいるが、そのせいで人生を滅茶苦茶にされた。かわいそうで、かわいそうでと、発表しながら泣き出してしまった。発表が終わると、泣きながら部屋から走り去った。私は直接話が聞きたくて追いかけたが、間に合わなかった。私はミクロネシアで慰安婦の話を聞いたことがなかったので、強い衝撃を受けた。

次は私の番である。私は自分の論文のテーマであるミクロネシアの日本統治時代の話をした。話が終わると、教授達から質問攻めにあった。発表内容よりも、日本人一般に関する質問が多かった。日本人の参加者はほとんどおらず、私が唯一の日本人発表者だったせいもあり、日頃からの疑問を聞きたかったようだ。中国系アメリカ人と思われる人からもこんな質問をされた。「シナ事変のジヘンとはどういう意味だ」。「事件(incident)」だと言うと、「事件だなんてとんでもない。あれは立派な戦争だ。だから日本人は日中戦争の事を軽く考えているのだ」ときつい目で睨まれた。

それだけならまだいい。午後の発表スケジュールがすべて終わると、「これからサンフランシスコの町に出て、皆でデモ行進を行う」というのだ。出発前に練習をしているグループがいた。なんと「Japan should apologize! Japan should apologize!（日本よ、謝れ！　日本よ、謝れ！）」と言っているではないか。私も参加するよう誘われたが、丁重にお断りした。

日本人が考えている以上に、韓国や中国では日本人への憎しみが強い。それは容易に消えない。永遠に語り継がれて行くように思えてならない。だからそういう強い被害者意識から、首相が靖国神社に参拝したというと怒り、心も傷つくのだと思う。

日本も原子爆弾を落とされ、多くの犠牲者を出した。そして、深く傷ついた。日本はアメリカを責め、悪者扱いにしているかというと、戦後はアメリカが憧れの国になり、手を結び、固い友情で結ばれた国となった。この違いはいったい何なのだろうか。

もし、アメリカが中国や韓国に原子爆弾を落としていたら、日本のようにアメリカと固い友情で結ばれただろうか。決してそのような事は起きなかっただろう。おそらく、七十年経った現在でも、アメリカを責め続けているのではないだろうか。

その違いは、国民性とも大いに関係があると思う。いくら謝罪しようが、賠償金を払おうが関係ない。いつまでも日本を責め続けるように思えてならない。

日本側に非がないと言いたい訳ではないが、中国や朝鮮に送られた役人や兵隊たちもミクロネシアに送られた役人や兵隊たちも同じ日本人であり、違いはなかったはずである。それが、どうして、こんなに関係がこじれてしまったのか。いったい、いつになったら、日本に好意を寄せてくれるようになるのか。

おそらく簡単な解決策はないのだろう。つまるところ、現代の私たちにできることは、個人レベルでの交流を深めていくしかないように思う。多くの中国人、韓国人に日本に旅行や留学で来てもらう。日本人も旅行し、留学し、友達をたくさん作って、交流を深める。地道な努力である。

その結果として、パラオの人たちのように「日本人はいい人だ」と言ってくれる人を少しでも増やしていく。実際、日本への旅行客も急増し、若い世代の交流は、特に、音楽やアニメを通して少しずつだが進められているようなので、時間は掛るだろうが、今後に大いに期待したいと考えている。

そして、本書を読んで下さった読者には、ご理解していただけたと思うが、戦前のミクロネシアには多くの日本人が生活をしていた。彼らは夢と希望を抱いて南洋に渡り、苦労を重ね、いつか故郷に錦を飾りたいと願っていたに違いない。ところが、戦争が始まり、召集され、二度と日本の土を踏むことなく、死んでいった。そして、夫あるいは父親を戦場に残したまま、日本に引き揚げざるを得なかったその家族たち。いったいどんな気持ちであったろうかと想像するだけで、身につまされる思いがする。戦争の残酷さを改めて認識せざるをえない。残念な事に戦後七十年もの間、ミクロネシアの日本移民のことは、ほとんど一般の日本人には知られて来なかった。本書を通して、ひとりでも多くの人に知ってもらうことが、死んでいった移民たちの供養になればと心から願っている。

本書の出版にあたり、多くの方々に大変お世話になった。日本統治時代のことを証言して下さった、パラオ、ヤップ、ポンペイの人々や日本人は勿論のこと、私にとっては日本統治時代との初めての出会いとなった『Nan'yō: The Rise and Fall of the Japanese in Micronesia,1885-1945』の著者であるスタンフォード大学の故ピティ教授。そして、多くのアドバイスをして下さったハワイ大学のロビラード教授、スティンホフ教授、グアム大学のバレンドロフ教授。そして、ヘーゼル神父。

最後になりましたが、私の拙い文章だけでなく、内容に関しても貴重な助言をして下さり、多くの時間を割いてくださった新潮新書の編集長、後藤裕二氏にも心から感謝の気持ちをお伝えしたい。

証言者（五十音順。基本的に仮名とした）

・**イモングさん**（パラオ人、一九三一生）戦後、ヤップ島に移住して、レストランを開いている。日本時代が懐かしくて、店の中に置かれたテレビには、以前ＮＨＫで放送された「海の生命線」という日本統治時代をテーマにした番組の録画が繰り返し流されていた。

・**ウイリーさん**（パラオ人、一九三二生）公学校へ一年行っただけで戦争になった。いかにもパラオ人といった大柄な人だ。職業は教師。

・**植本さん**（父親が日本人、一九三〇生）小学校へ入学。日本に留学経験あり。戦争中は疎開しないで、コロールで過ごした。現在旅行代理店を営む。パラオの有力者のひとり。

・**カズエさん**（パラオ人、一九二五生）孫とひ孫の世話で毎日忙しくしている。嫁さんが仕事で外に出ているので、フィリピンの家政婦を雇っているが、体力的にも子どもの世話は大変だと言う。どこの家でも子守はおばあちゃんの仕事だそうだ。

・**カズオさん**（パラオ人、一九二六生）南洋庁の農林課でお茶ボーイとして働いていた。その前はお豆腐屋さんで働き、毎朝自転車で日本人の家を回って御用聞きをしていた。その時に南洋庁で働かないかと声を掛けられたと言う。背も高く、体格も良く、若い頃はさぞやハンサムであったろうと思われる顔つきだ。

・**ガロンさん**（ヤップ人、一九一四生）会うなり「あなたは今の世界情勢をどう思いますか」と聞かれた。教養もあり、体格も良く、かくしゃくとした老人だ。アメリカの時代になって、混乱している世の中を嘆いている様子だった。

・**倉田さん**（日本人、一九二七生）東京都出身。コロール島の水産試験場で働いていて十代の時、現地召集された元役人。アンガウルの戦闘に参加。戦後は日本で暮らしたが、退職後、戦友たちを弔うためにパラオに帰って暮らす。

・**シバタングさん**（パラオ人、一九二七生）グアム島在住。清水村にいた時、よく日本人からお酒をもらって飲んでいたと言う。戦争中、十六歳の時、海員養成所へ行って船に乗っていた。戦後もアメリカの船に乗っていたそうだ。

・**スズモトさん**（日本人、一九二三生）北海道出身。ポンペイに移住していたお姉さん夫婦を頼って、十六歳の時に移住。ロマンチックな南国に憧れていた。義兄が養豚をしていたので、豚の餌になるおからを作り、豆腐も作って売っていた。昭和十七年、父親が日本人、母親がポンペイ人の息子と結婚。戦後日本に引き揚げたが、旦那が故郷のポンペイに帰りたいと言うので帰って来た。今は娘も来てレストランをやっている。

・**スソニンさん**（パラオ人、一九二八生）ペリリュー島在住。ドンゴさんのご主人。戦後グアムに移住して働いていた。子どもや孫はグアムに残して、夫婦で故郷に帰って暮らしている。家の前を白い肌の女性が通りかかったので、「あの人は日本人ですか」と聞くと、日本人だと言う。戦争中にペリリューで生まれて、両親は娘をパラオ人に預けたそうだ。戦後、日本の両親をいくら探してもとうとう見つからなかった。しかし、二〇〇五年、島を訪れた日本人が北海道にいる兄を見つけ出し、六十年振りに再会を果たした（毎日新聞二〇一五年二月十三日）。

・**貴子さん**（父親が日本人、一九二五生）パラオで生まれ、学生時代を日本で過ごし、戦後すぐには帰らず、しばらく家族と日本で暮らす。行き来できるようになってからパラオに帰った。現在はレストランを経営している。

・**高田さん**（日本人、一九二七生）グアム在住。移民の子としてパラオに渡る。現地で召集され、戦争中は航空隊に所属していた。訓練に四年かかるところ、皆二年で卒業。中途半端のまま、沖縄の戦争に参加した。天皇のために死ねるような教育を受けた。天皇のために死ぬのは当たり前だったと言う。

・**高橋さん**（日本人、一九二六生）ヤップ島在住。

移民としてヤップ島で子ども時代を過ごす。父親はヤップ島の公学校で校長を務めていた。戦後は日本にいたが、退職後、故郷であるヤップ島に戻り、日本語を教えている。畑で野菜や果物も栽培しているという。幼なじみたちと楽しく暮らしている。ヤップ島では知らない人はいない有名人。

・**タナカさん**（父親は日本人、一九二四生）公学校へ入学。切り込み隊の話を楽しそうにしてくれた。厳しい訓練ではなく、伝達ゲームのような事をしていたと言う。

・**チエコさん**（パラオ人、日本人夫婦の養女、一九二一生）子どもがいない日本人夫婦の養女となる。養父母はクリーニング屋を営んでいた。沖縄県出身の従業員の女性と大の仲良しで、よくふたりで映画を見に行ったそうだ。日本人として育ち、小学校へ行った。卒業してパラオでバスガイドをしていた。戦後は義父母と日本に引き揚げ、働いていたが、パラオにいた頃の方が楽しかったと、定年後パラオに帰って来た。日本の年金を送ってもらい、パラオで暮らしている。

・**テルヨさん**（パラオ人、一九二二生）ペリリュー島出身。コロールでひとり息子と暮らしている。日本茶が大好きだそうだ。おとなしい性格で、いつもにこにこしている。今度、パラオに来た時はうちに泊まりなさいと言ってくれた。

・**トミエさん**（パラオ人、一九二三生）ペリリュー島出身。記憶力の良い人で、長い詩を詠んだり、歌を歌ったり、戦前のことを実に良く記憶している。時々英語が口から飛び出した。英語も流暢に話せるのかもしれないと思った。

・**トミオさん**（父親は日本人、一九二五生）公学校へ入学。日本人である父親は、戦後日本に引き揚げず、パラオに残った。そのため死ぬまで父親と一緒に暮らした。そういう人はめずらしいらしい。父親のお墓も自宅のそばにある。

・**ドンゴさん**（パラオ人、一九三〇生）ペリリュー島在住。スソニンさんの奥さん。前の年の夏に日本の友達がパラオに来て、ファクスをお土産に持って来たそうだ。私が家へお邪魔した時、ちょうどファクスで日本の友達から手紙が届いたところだと嬉しそうに見せてくれた。

・中尾さん（日本人、一九二八生）日本移民として両親と共にパラオへ渡った。戦争が始まると召集され、ペリリューの戦闘に参加。戦後日本に引き揚げたが、戦死した戦友たちの墓守をしようと、退職後パラオで暮らす。

・フジオさん（パラオ人、一九二五生）南洋庁木工徒弟養成所の卒業生。パラオではエリート。チエコさんに自宅を提供。同じ家に住んでいる。

・フミエさん（父親が日本人、一九二六生）父親は沖縄県出身。現在モーテルを経営。三年間清水村の公学校へ、四年生から小学校へ入学。家にはグアムに住んでいる孫たちが里帰りしていた。日常はパラオ語で話し、私とは日本語、孫達とは英語。三ヶ国語を流暢に話す。

・フローレンスさん（パラオ人、一九三二生）グアム大学の卒業生。現在、パラオの教育機関に勤務。自分のオフィスを持つエリート。日本時代に使った七輪がとても便利だったから、なんとか手に入れたいと言う。

・ルルさん（パラオ人、一九二五生）戦後グアムに移住し、日本人旅行客を相手に日系のホテルに勤務している。パラオで会った時は里帰り中だった。

荒井利子　東京都生まれ。ニューヨーク大学大学院社会学部修士課程卒業後、コンサルティング会社勤務を経てハワイ大学大学院社会学部博士課程修了。在学中同学及び東西センターの助手として勤務。

Ⓢ新潮新書

635

日本《にほん》を愛《あい》した植民地《しょくみんち》

南洋《なんよう》パラオの真実《しんじつ》

著　者　荒井利子《あらいとしこ》

2015年9月20日　発行

発行者　佐　藤　隆　信

発行所　株式会社新潮社

〒162-8711　東京都新宿区矢来町71番地

編集部(03)3266-5430　読者係(03)3266-5111

http://www.shinchosha.co.jp

図版製作　ブリュッケ

印刷所　株式会社光邦

製本所　憲専堂製本株式会社

ISBN978-4-10-610635-4 C0221